AF453753

LA QUESTION PRÉHISTORIQUE

881

LA QUESTION
PRÉHISTORIQUE

PAR

ADRIEN ARCELIN

Extrait du CORRESPONDANT

PARIS

CHARLES DOUNIOL ET Cⁱᵉ, LIBRAIRES-ÉDITEURS

29, RUE DE TOURNON, 29

1873

LA QUESTION PRÉHISTORIQUE

Les anciens croyaient à la très-haute antiquité de l'homme sur la terre. Il n'était pas rare de rencontrer des peuples, comme les Égyptiens, par exemple, ou les Ibères, faisant remonter leurs annales ou leurs traditions jusqu'à des âges prodigieusement reculés. Une opinion assez répandue, et dont le poëte Lucrèce s'est fait l'écho, représentait l'homme primitif comme un être voisin de la bête, n'ayant pour armes ou pour instruments que ses dents et ses ongles : il n'arrivait que lentement et progressivement à améliorer sa condition, se faisait d'abord une massue à l'aide d'une branche d'arbre, puis l'armait d'une pierre dure qu'il avait imaginé de tailler en pointe ; longtemps après, il découvrait l'art de fabriquer le bronze, puis le fer ; son perfectionnement physique et moral s'accomplissait en même temps que le développement de son industrie. Au moyen âge, sous l'influence des idées chrétiennes, ces croyances furent abandonnées et reléguées dans le domaine de l'erreur. La Bible devint le livre par excellence, la source de toute vérité et de toute science. Elle servit de base à une chronologie qui assigne à la création de l'homme une antiquité de cinq à six mille ans, et réduit par conséquent à néant toutes les prétentions des peuples anciens à une plus haute antiquité. L'homme, au lieu de partir de la bête pour s'élever progressivement par son propre effort, procède d'un être créé dans un état de perfection physique et morale d'où le péché l'a fait déchoir, ce qui est le renversement des idées païennes. Au lieu de monter de très-bas, l'homme tombe de très-haut ; des races maudites vont se perdre dans la barbarie et la dégradation, pendant que d'autres, conservant le flambeau de la tradition et de la vérité, se maintiennent à un niveau supérieur et se transmettent une partie des dons originels de l'humanité. A plusieurs reprises, des écoles philosophiques tentèrent sans succès de faire revivre les idées an-

ciennes, par opposition à la tradition chrétienne. Mais voici que de
nos jours, à la faveur de découvertes archéologiques récentes, ces
vieilles idées reviennent à l'horizon sous une forme nouvelle, et s'im-
posent à l'examen en se retranchant derrière un vaste appareil scientifique. On proclame, au nom de la science, que l'homme est infiniment plus ancien dans le monde que ne le prétendent toutes les
chronologies connues ; qu'il n'est autre chose qu'un singe perfectionné et indéfiniment perfectible, appelé, dans un temps plus ou
moins éloigné, à céder lui-même la place à un être supérieur issu
de lui. Qu'y a-t-il de vraiment scientifique dans ces théories ? Ne fait-
on pas la science complice de conceptions purement chimériques ?
C'est ce que nous allons examiner. Nous ne discuterons pas les systèmes, cela nous conduirait à des considérations dogmatiques et
philosophiques que nous ne voulons pas aborder pour le moment.
Nous resterons exclusivement sur le terrain des faits positifs, nous
appliquant autant que possible à les mettre dans leur vrai jour, sans
reculer devant les conclusions qui nous paraîtront légitimement ac-
quises à la question.

Trente siècles au plus nous conduisent au seuil de l'histoire et des
traditions européennes. En vain cherche-t-on à remonter plus haut
dans le cours des âges : la légende succède à l'histoire, la fable à la
légende, et la nuit devient complète. Les peuples, comme les hommes, trouvent un terme à leur mémoire en scrutant leur passé. C'est
que l'enfance des peuples, comme celle de l'homme, est inconsciente ;
c'est la barbarie, et la barbarie n'a pas d'annales. Seule, une race a
échappé en partie à cette loi des sociétés humaines, éclairée dès son
berceau par une lumière surnaturelle, et cette étonnante exception
ne sert qu'à mieux confirmer la règle universelle.

Mais il est arrivé ce qu'on aurait pu prévoir. L'homme, partout où
il a passé, et quel que fût son degré de barbarie ou de civilisation, a
laissé des traces qui révèlent son existence : ses armes ou ses outils,
ses œuvres artistiques ou ses productions industrielles, et enfin sa
dépouille elle-même, ses ossements. A défaut de monuments écrits,
ces indices ont servi à reconstituer lambeau par lambeau plus d'une
page des temps antérieurs à l'histoire, et la science qui a leur étude
pour objet a dû prendre le nom d'archéologie préhistorique ou anté-
historique.

En Europe, il ne faut pas remonter à beaucoup plus de trois mille
ans pour trouver la limite des temps historiques. Sur d'autres points,
en Égypte, par exemple, cette limite recule plus haut dans le passé.
Les traditions de l'Asie et de l'extrême Orient paraissent devoir nous
conduire plus loin encore, quand elles seront mieux connues. En
revanche, l'histoire américaine ne commence guère qu'avec l'immi-

gration européenne, ce qui est également le cas d'un grand nombre de points de la terre restés sans histoire jusqu'au jour où le premier explorateur vint y apporter la civilisation dans les plis de son pavillon national. Je ne parle pas des vastes régions qui sont encore plongées dans les ténèbres de la barbarie. La limite de l'histoire et des temps préhistoriques est donc extrêmement variable, suivant les lieux. Tantôt elle recule à d'énormes distances dans le passé, tantôt elle se rapproche de nous, pour atteindre même l'époque où nous vivons. En sorte que la question de temps et d'âge étant réservée comme une quantité variable, les traces préhistoriques du passage de l'homme doivent se trouver plus ou moins répandues sur toute la surface des terres habitées ou habitables. En effet, on a recueilli de tout temps, et un peu partout, des objets de cette nature, d'origine ignorée par conséquent, mais dont les formes, plus ou moins régulières et constantes, attirèrent l'attention. C'étaient surtout des hachettes en pierre, polies à la meule, connues dans toute l'Europe, en Asie et jusqu'en Chine, sous le nom de pierres de foudre, carreaux ou *cerauniæ*. Le mystère qui enveloppait leur origine, laissant libre carrière à l'imagination des hommes, on leur attribua des propriétés merveilleuses que la crédulité confirma de siècle en siècle. Nos paysans les recueillent encore avec soin, parce que, disent-ils, elles guérissent le bétail de certaines maladies et protégent contre le tonnerre. Cette superstition est fort ancienne; les Romains y croyaient déjà, et pensaient que les pierres taillées et polies qu'ils appelaient du nom de *cerauniæ* étaient un produit de la foudre. Pline le Jeune en distingue deux sortes : les unes, noires et rondes, appelées *bétyles*, protégent les villes et les flottes; les autres, allongées, s'appellent *cerauniæ*. Il fait même allusion à une troisième espèce, à laquelle, dit-il, les Scythes attachaient un grand prix, et qu'on ne retrouve que dans les lieux que la foudre a frappés. Il existe au musée de Berlin un poignard en bronze, d'origine égyptienne, dont le manche est orné d'une hachette en pierre retenue sous une monture en or. Tant d'honneur fait à ce produit barbare n'indiquerait-il pas que le culte des pierres de foudre s'étendait jusque sur les bords du Nil? Ajoutons cependant que les lettrés, loin de partager l'opinion vulgaire, ont de tout temps attribué aux soi-disant pierres de foudre une origine moins merveilleuse. Suétone nous apprend qu'Auguste faisait rechercher dans les grottes ossifères de Capri des silex taillés qu'il considérait comme les armes des Héros. L'Italien Mercati, au seizième siècle, avait hasardé l'opinion que les armes en silex qu'il avait recueillies pouvaient bien provenir des hommes antédiluviens. En France, on les classait depuis longtemps dans les collections parmi les produits de l'industrie gauloise. Dans l'encyclopédie chinoise due à l'empereur Kong-hi, et publiée en 1662, on trouve au sujet des pierres de foudre des notions intéressantes qui tendent à combattre les superstitions ayant cours à leur endroit. « La forme et la matière des pierres de foudre, y est-il dit, varient suivant les lieux. Les Mongols nomades des côtes de la mer orientale ou voisins du Sha-mo les emploient en guise de cuivre ou de fer. Les unes ont la forme de hachettes ; d'autres ressemblent à des couteaux ou à des maillets. Elles sont noirâtres ou verdâtres. Une chanson contemporaine de Tang dit qu'il y avait à Yu-men-si un grand Miao dédié au tonnerre, et que les habitants du pays avaient l'habitude d'y faire des offrandes dans le but d'obtenir de ces pierres. Cette fable est ridicule. Les pierres de foudre étaient en métal, en pierre ou en cailloux que le feu du tonnerre a métamorphosés en les brisant, et en alliant inséparablement leurs différents éléments. Sur quelques-unes on peut observer des traces de vitrification. » Puisque l'auteur de l'encyclopédie connaissait les hachettes des Mongols, on a peine à comprendre qu'il fasse encore intervenir, bien qu'avec des restrictions, le tonnerre dans la fabrication des hachettes préhistoriques qu'on retrouve en assez grand nombre dans le Céleste-Empire. Les Japonais, qui n'ont pas eu les mêmes termes de comparaison, sont plus excusables, quand ils attribuent à Tengu, le gardien du ciel, les armes en pierre, ou pierres de tonnerre (rai-funo-seki), que les paysans ramassent abondamment dans les champs, surtout dans le voisinage des anciens cimetières[1].

Malgré l'opinion de quelques érudits et de lettrés qui, à différentes époques, comme on vient de le voir, ont acquis par le raisonnement des notions presque exactes sur l'origine de ces objets, il n'en est pas moins vrai que les idées erronées du vulgaire à leur endroit suffisent à démontrer que partout, en Asie comme en Europe, elles se rapportent à un état de civilisation, ou plutôt de barbarie, tout à fait oublié, préhistorique par conséquent.

Si les savants n'arrivèrent que fort tard à des conclusions précises sur ces mystérieux produits des vieilles races humaines, c'est qu'il leur manquait une série d'informations nécessaires pour mettre en équation tous les éléments du problème. Sans la géologie, la question préhistorique était insoluble, et cette science ne date que de soixante ou quatre-vingts ans à peine. C'est qu'en effet, à défaut de documents écrits et de traditions précises, on ne pouvait interpréter le sens exact et déterminer la valeur des documents préhistoriques : armes, outils, produits industriels ou ossements, qu'en étudiant mé-

[1] Franks, *Stone implements in Japan* in *the Transactions of the international congress of Norwich.* 1869.

thodiquement leur position dans le sol. Puisqu'il était impossible de les dater en les rattachant aux révolutions humaines, on n'avait d'autre moyen de les mettre au moins à leur place et à leur distance relative, sinon à leur âge exact, que de chercher à les rapporter aux révolutions du globe. Les géologues seuls pouvaient tenter cette œuvre, mais à la condition cependant de faire appel à d'autres sciences, et de leur abandonner, suivant ce qui les concerne, l'étude critique des faits connus. Leur mission était d'abord de recueillir des matériaux, d'en former des groupes bien définis, et d'assigner à chacun sa position relative dans la série des phénomènes géologiques. C'est un premier travail de classification, ou, si l'on veut, un cadre de chronologie sans dates. L'anthropologie intervient ensuite pour interpréter chacun de ces groupes de documents, définir les races humaines auxquelles ils se rapportent, étudier l'état physique et moral dont ils sont les témoins. Il ne reste plus aux archéologues qu'à faire un travail de critique ou de comparaison, pour en tirer les caractères distinctifs de chaque phase industrielle. Nous allons examiner successivement quel contingent de renseignements et de lumières nous ont fourni ces trois sciences, associées dans un but commun.

I

Tout le monde sait que la terre n'a pas toujours été ce qu'elle est aujourd'hui, la Bible et la science nous l'apprennent. Il fut un temps où les continents actuels étaient en voie de formation au fond des mers, où la mer occupait la place des continents émergés depuis. C'est par une série de transformations successives, de mouvements et de dislocations qui ont abaissé les vallées et fait surgir les montagnes, que notre globe est devenu tel que nous le connaissons. Ces transformations successives correspondent à ce qu'on appelle en géologie des époques. Ces époques diffèrent entre elles, non-seulement par la conformation géologique du globe, par la distribution des mers et des terres, mais aussi par la variation des climats et des espèces animales et végétales propres à chacune d'elles. Si l'on pénètre dans les entrailles des montagnes et qu'on ouvre le flanc des rochers, on remarque qu'ils sont formés d'une succession de couches très-distinctes qui correspondent à des époques différentes; les plus anciennes se trouvant au-dessous. Ces couches, formées au fond des mers, des lacs, des glaciers ou des rivières, sont composées de limons plus ou moins durcis, de sables plus ou moins agglutinés, et

renferment çà et là dans leur épaisseur les dépouilles des animaux
et des plantes contemporains de leur formation. Chaque étage géologique a donc sa faune et sa flore propres, qui varient d'un étage
à un autre et servent à différencier les couches géologiques et à les
reconnaître partout où on les rencontre. C'est seulement dans les
étages supérieurs, c'est-à-dire dans les plus récents, qu'on retrouve
les restes d'animaux ou de plantes semblables à ceux qui vivent
encore aujourd'hui. A mesure, au contraire, qu'on remonte dans le
temps, c'est-à-dire à mesure qu'on descend dans les couches qui
constituent l'écorce sédimentaire du globe, les faunes et les flores
diffèrent davantage des faunes et des flores contemporaines. Sans
aller bien loin, il n'est pas rare de rencontrer dans les terrains superficiels de nos campagnes des débris d'animaux qui n'y vivent plus,
et qu'on ne se rappelle pas y avoir jamais vus, des éléphants et des
lions, par exemple.

L'histoire européenne, aussi loin qu'elle pénètre dans le passé,
nous montre les régions occidentales de notre continent sous l'aspect qu'elles présentent encore aujourd'hui : même configuration
géologique, mêmes climats, mêmes animaux, ou à peu près. C'est-
à-dire qu'elle ne remonte pas à une époque géologique antérieure à
la nôtre. Est-ce à dire que l'homme n'est arrivé dans nos contrées
qu'après les dernières grandes transformations qui leur ont donné
leur physionomie actuelle? N'a-t-on pas retrouvé de traces de
l'homme dans des couches de formation ancienne, et associées à des
débris d'animaux fossiles d'espèces éteintes? A ces questions, longtemps débattues et controversées, la géologie est maintenant en mesure de répondre de la manière la plus affirmative.

Sans parler des recherches de l'empereur Auguste, de celles de
Mercati, et de plusieurs autres encore, qui n'eurent ni suites ni re-
tentissement, dès l'année 1715, un Anglais, Kemp, avait signalé aux
savants de son temps des armes en pierre évidemment taillées de
main d'homme, trouvées aux environs de Londres, mêlées à des
dents d'éléphant. En 1774, un Allemand, Esper, et en 1794, un Anglais encore, John Frère, firent des trouvailles du même genre.
Comme on ne put contrôler leurs assertions, on nia les faits. Il faut
attribuer à un Français, M. Boué, l'honneur d'avoir pour la première
fois en 1823 soumis à un examen scientifique des ossements humains découverts par lui dans les terrains anciens de la vallée du
Rhin, et qu'il déclara être fossiles. L'illustre géologue Cuvier, devant qui la question fut portée, combattit les conclusions de M. Boué,
en repoussant le fait, non pas comme impossible, mais comme in-
suffisamment démontré. Ce fut un précédent pour la science. En vain
des trouvailles semblables à celles de M. Boué vinrent-elles se pro-

duire à des intervalles de plus en plus rapprochés, l'homme fossile
était considéré comme une chimère, comme la pierre philosophale
des géologues, et l'on se retranchait derrière l'opinion, mal com-
prise, de Cuvier, pour nier son existence et convaincre d'erreur ses
partisans.

Cependant, les découvertes se multipliaient. Des ossements humains et des armes taillées en pierre dure, confondus avec des débris
d'animaux éteints, étaient de nouveau mis au jour. Citons, en passant, les fouilles de MM. Tournal et de Christol, en 1829, dans les
cavernes de Bize, près de Narbonne, de Pondres et de Souvignar-
gues (Gard) : celles de Schmerling, en Belgique, en 1833, de
M. Joly, à la grotte de Nabrigas, en 1835; de M. Marcel de Serres,
dans les cavernes de l'Aude, en 1839. Dès l'année 1838, un savant
explorateur français, M. Boucher de Crèvecœur de Perthes, avait
signalé et présenté à la Société des sciences d'Amiens des instruments taillés en pierre à fusil ou silex, trouvés par lui avec des os
d'éléphant, d'hyène, d'ours, etc., dans les sables de l'époque quaternaire des environs d'Abbeville. C'est à ce savant français, à sa
persévérance et à sa foi dans ses précieuses découvertes, qu'on doit
la révolution qui finit par se produire dans la science en faveur de
l'homme fossile. En 1847, M. Boucher de Perthes publiait son premier volume des *Antiquités celtiques et antédiluviennes*. On le traita
d'abord de rêveur : nul n'est prophète en son pays! Et l'on ne dai-
gna même pas venir constater la justesse ou l'inexactitude de ses
affirmations. Cependant, en 1855, un solide mémoire du docteur
Rigollot appela sérieusement l'attention sur les antiquités d'Abbeville et sur les travaux de M. Boucher de Perthes. Des savants anglais, MM. Ch. Lyell, John Evans, Prestwich, Falconer, vinrent sur
les lieux et crurent. Peu de temps après, ils proclamaient leur
adhésion aux conclusions du savant chercheur français, et M. Prestwich portait sa cause devant l'Académie des sciences. Comme l'écrivait, en 1860, M. l'abbé Cochet, ce sont les géologues anglais qui
ont fini par élever à la dignité de fait scientifique la belle découverte de M. Boucher de Perthes. A partir de cette époque, les recherches se multiplient et les résultats s'accumulent. Il suffira de
citer les travaux de M. Gosse, à Paris, et de M. le marquis de Vibraye, à Arcis-sur-Cure (Yonne), en 1860; les belles études de
M. Éd. Lartet, de regrettable mémoire, sur la grotte d'Aurignac,
en 1861; enfin, les fouilles si fécondes opérées, bientôt après, par
MM. Garrigou et Filhol, dans l'Ariège; par MM. Brun, Peccadeau
de Lisle et de Lastic, dans la Dordogne et le Tarn-et-Garonne; par
MM. Lartet et Christy, dans la Dordogne; par MM. les abbés Bourgeois et Delaunay, dans la Charente, le Maine-et-Loire et le Loir-et-

Cher, etc.... Pendant que ce mouvement se produisait en France, les pays voisins se mettaient à l'œuvre : l'Angleterre, la Belgique, la Suisse, l'Allemagne, l'Italie, la Russie, l'Espagne, les États-Unis d'Amérique, eurent bientôt à enregistrer de nombreuses et importantes découvertes conduisant toutes invariablement aux mêmes résultats et se confirmant les unes les autres.

De l'ensemble des faits connus aujourd'hui, il résulte manifestement que l'homme n'est point aussi nouveau venu sur la terre, qu'on le pensait généralement, et qu'il a été le témoin des derniers grands changements qui s'y sont produits. M. l'abbé Bourgeois nous le montre d'abord vivant, dès le commencement de l'époque tertiaire, sur les bords d'un grand lac, où fut depuis la Beauce, au milieu d'une faune qui ne tarde pas à disparaître. Deux fois l'ensemble des êtres se transforme et se renouvelle, avant d'arriver à l'époque des grands mastodontes, qui caractérisent les derniers temps de l'époque tertiaire. On peut juger, par là, de la prodigieuse antiquité qu'il faudrait assigner à l'homme tertiaire, s'il a véritablement existé. Mais je dois dire, pour mettre ce fait dans son vrai jour, que, si quelques savants très-compétents et très-dignes de foi acceptent, comme démontrée, l'existence de l'homme tertiaire, il en est d'autres qui attendent, pour se prononcer, que des faits plus nombreux soient venus confirmer les observations de M. l'abbé Bourgeois.

Si, de l'époque tertiaire, on passe à l'étude des terrains dits quaternaires, qui constituent les formations géologiques les plus récentes, il n'est plus permis de faire les mêmes réserves. Deux mots d'abord, sur la nature même de ces terrains. Ils doivent leur origine, soit à l'action des grands cours d'eau, soit à des phénomènes glaciaires qui, à en juger par les traces qu'ils ont laissées, eurent, à cette époque, une intensité extraordinaire. Ici, sous la forme de sables ou de graviers, ces terrains couvrent les flancs des vallées et accusent le passage de cours d'eau d'une puissance inconnue aujourd'hui, à des niveaux que nos fleuves et nos rivières, faibles réductions des fleuves quaternaires, n'atteignent plus ; là, ce sont d'épaisses couches de limons argileux, qui tapissent, comme d'un manteau, jusqu'à de grandes altitudes, les hauts plateaux des montagnes, remplissant leurs fissures et leurs crevasses, comme font encore aujourd'hui, dans des proportions plus modestes, les limons d'inondation de nos rivières : ailleurs, ils se montrent sous l'aspect de vastes moraines, attestant l'existence de grands glaciers disparus, comme, par exemple, le glacier du Rhône qui, passant par-dessus le lac de Genève et le Jura, couvrait une partie de la Bresse et s'avançait jusqu'à Lyon. Tout, dans ces effets, indique un climat

fort différent de celui qui règne maintenant aux mêmes lieux.
L'étude de la faune, enfouie à travers les dépôts quaternaires,
vient confirmer cette manière de voir et présente, au premier abord,
la plus curieuse et la plus étrange association d'animaux qui se
puisse voir. Cette faune, en effet, se compose de genres et d'espèces qui ne vivent plus maintenant que dans des climats tout à
fait différents, le renne et l'éléphant, par exemple, et qui alors
coexistaient dans les mêmes régions. La flore quaternaire présente
les mêmes bizarreries. M. de Saporta, qui a fait, sur cette période
géologique, et particulièrement sur la flore, de très-remarquables
travaux, pense, avec raison, qu'un climat plus humide et plus égal,
des hivers moins froids et des étés moins chauds que ne le sont les
nôtres, suffisent à rendre compte de la physionomie générale de
l'Europe à cette époque. D'énormes glaciers, alimentés par une
extrême humidité atmosphérique, rendaient possible dans leur voisinage l'existence de plantes ou d'animaux qu'on ne retrouve plus
aujourd'hui que dans l'extrême Nord ; tandis qu'au fond des vallées
une température moyenne plus clémente favorisait le développement d'une faune plus méridionale et d'une flore correspondante.
Le renne descendait au sud, jusque dans le voisinage des Pyrénées
et des Alpes, qu'il ne paraît pas avoir dépassés ; et l'hippopotame,
assez abondant dans le Sud et le centre de la France, ne remontait
pas jusqu'en Belgique, où on ne le retrouve plus. L'éléphant à toi-
son, qu'on appelle aussi le mammouth, le rhinocéros à narines
cloisonnées, un grand lion, un ours colossal, un cerf gigantesque,
le renne, l'aurochs, donnaient à la faune quaternaire sa physionomie si particulière. On a hasardé bien des hypothèses pour expliquer cette perturbation du climat normal à l'époque qui nous
occupe. Les uns l'attribuent à des variations dans la constitution et
la puissance calorifique du soleil, d'autres à la position de la terre
dans l'espace, à sa distance par rapport au soleil, ou à l'influence
des régions sidérales qu'elle traverse ; d'autres, enfin, à des modifications importantes dans la distribution des mers et des terres.
Rien de tout cela n'est bien satisfaisant. On s'est demandé aussi, si
les phénomènes diluviens ne pouvaient pas être assimilés au déluge
de la Bible, et M. l'abbé Lambert vient d'écrire, sur ce sujet, un
livre particulièrement intéressant. Il faut malheureusement reconnaître que, s'il est difficile de pénétrer dans la recherche mysté-
rieuse des causes, l'examen des terrains quaternaires, considérés
comme effets, n'est pas moins délicat, en raison de la confusion
qui règne encore sur ce point dans nos connaissances géologiques.
Non-seulement le classement stratigraphique des dépôts de cette
époque est encore très-obscur, mais nous ne savons même pas au

juste où placer le commencement et la fin de l'époque quaternaire;
à tel point, que des géologues ont pensé, non sans raison, que cette
appellation était à supprimer, parce qu'elle ne représente aucune
idée précise. C'est, en effet, plutôt une transition et un passage du
régime tertiaire au régime actuel, qu'une époque à proprement
parler, et ce passage est à peu près insensible. La perturbation
glaciaire ne dure pas; le climat reprend peu à peu sa marche
normale; moins chaud qu'à l'époque tertiaire, il devient aussi
plus continental; c'est-à-dire que les saisons s'accentuent par des
extrêmes de froid et de chaud, qui amènent des transformations
notables : les glaciers reculent ou disparaissent; l'intensité des
cours d'eau, conséquence probable de la fonte des glaces, va dimi-
nuant; la faune et la flore subissent des changements importants :
des espèces, comme le mammouth, s'éteignent et disparaissent;
d'autres, comme le renne, émigrent vers le Nord; les plantes bo-
réales ne vivent plus que sur les hauts sommets des Alpes; tout,
en un mot, s'achemine vers le climat actuel.

L'époque quaternaire fut de très-longue durée, à en juger par la
puissance et l'importance des dépôts qui en proviennent. Or on
rencontre, dans ces dépôts, les traces de l'homme, c'est-à-dire ses
ossements et les produits abondants de son industrie, enfouis avec
les débris des animaux contemporains. Les produits industriels sur
lesquels nous aurons l'occasion de revenir plus tard, sont loin
d'être identiques pendant toute la durée du régime quaternaire; ils
ont subi des variations et des transformations très-notables, dont
la géologie va nous permettre de saisir l'enchaînement. En effet, la
formation des dépôts quaternaires n'ayant point été instantanée,
mais successive, il en résulte une série, une succession de couches superposées dans leur ordre de formation, les plus anciennes
au-dessous, les plus récentes par-dessus. Tout ce qui y est contenu, ossements d'animaux, débris de végétaux, restes de l'industrie humaine, s'y trouve donc classé naturellement comme dans les
tiroirs d'une vaste collection qu'il n'y a plus qu'à ouvrir et à étudier. C'est ce qu'ont fait les géologues. A l'aide de la stratigraphie,
qui a précisément pour objet le rapport des couches entre elles,
ils sont parvenus à établir une classification très-rigoureuse des
différentes périodes industrielles correspondant aux temps quaternaires. On peut citer, comme types, les beaux travaux de M. Ed. Dupont, dans les grottes des environs de Dinan, où il a retrouvé, dans
un ordre constant et régulier, toutes les phases de l'industrie primitive en Belgique.

Malheureusement, il est rare que l'observateur soit placé dans
des conditions aussi favorables, et permettant d'appliquer la mé-

thode que nous venons de décrire. Dans la pratique, les terrains
quaternaires se présentent le plus souvent sous la forme de lam-
beaux épars qu'il est très-difficile de classer dans leur ordre stratigraphique; et si l'on veut déterminer l'âge relatif des débris de
l'industrie humaine qui peuvent s'y rencontrer, il faut recourir à
un autre moyen de critique et de comparaison. On avait pensé,
d'abord, que la paléontologie serait en mesure de combler ce dési-
deratum, et M. Lartet avait proposé une classification basée sur la
prédominence de telle ou telle espèce animale parmi les débris à
déterminer. C'est ainsi que le savant professeur avait créé un premier âge du grand ours; puis l'âge du mammouth, et enfin l'âge
du renne. Malheureusement, cette répartition des espèces n'existe
réellement pas; et, dans le plus grand nombre de cas, la faune
quaternaire se présente avec une identité à peu près absolue. On
a donc réuni en un seul l'âge du grand ours et celui du mammouth. Si l'âge du renne subsiste encore dans le vocabulaire des
archéologues français, c'est purement et simplement par une con-
vention de langage; mais il ne diffère pas, paléontologiquement,
des âges précédents, dont il est la suite. Cette terminologie me
paraît d'autant plus irrationnelle, qu'elle varie suivant les lieux,
et qu'en Belgique, par exemple, l'âge du renne est tout autre chose
qu'en France.

Nous verrons plus loin qu'à défaut de la paléontologie et de la
stratigraphie, l'archéologie fournit des éléments de critique aussi
sûrs que suffisants. On est arrivé, en effet, à classer un certain
nombre de stations humaines, dont les rapports stratigraphiques
sont connus, et dont les produits industriels servent de types et de
jalons. Ces produits deviennent alors comme les fossiles caractéristiques des couches où on les rencontre, et c'est à l'aide de ces
données combinées, qu'on a pu distinguer quatre ou cinq niveaux
archéologiques, qui sont les étapes de l'industrie humaine pendant
l'époque quaternaire. Je n'ai pas besoin d'ajouter que la même méthode s'applique avec le même succès aux terrains de formation moderne. A la faune quaternaire succède la faune actuelle. L'industrie
humaine poursuit son évolution. Les métaux apparaissent, et l'on
arrive aux temps historiques, représentés par les couches superfi-
cielles.

Cette classification ne s'applique encore, avec quelques variantes,
suivant les lieux, qu'à l'Europe occidentale. Elle reste à établir pour
les autres parties du monde. Mais je dois ajouter que des observations déjà nombreuses, recueillies en Asie, en Afrique et en Amérique, permettent d'espérer des résultats de même nature. Les temps
quaternaires s'y révèlent comme dans nos contrées, et ont fourni

des produits analogues. On a même signalé, en Amérique, des traces humaines dans des terrains que l'on croit appartenir à l'époque tertiaire. Quoi qu'il en soit, il est bon de ne pas aller trop vite, et d'attendre, pour généraliser, des informations géologiques plus complètes que celles que nous avons.

II

Jusqu'à présent, les débris de l'homme, qui vivait à l'époque tertiaire, au temps de la formation des faluns, des sables de l'Orléanais et des calcaires lacustres de la Beauce, ont échappé à toutes les recherches. Je ne crois pas, en effet, devoir insister sur la découverte d'un squelette humain dans le pliocène de Savone (Italie), présenté au monde savant par M. Issel, comme un type tertiaire, l'authenticité de ce squelette ayant été contestée. Je m'abstiendrai également de citer d'autres documents qui peuvent être tertiaires, mais n'ont pas acquis une autorité scientifique suffisante, pour servir de points d'appui à une discussion sérieuse. L'époque quaternaire proprement dite n'est guère plus riche. A l'âge dit du grand ours et du mammouth, on rapporte quelques pièces osseuses, notamment le trop fameux crâne de Néanderthal, trouvé auprès d'Elberfeld (Prusse), et lancé dans le monde sous le patronage du docteur Fuhlrott, et le non moins fameux crâne d'Engis, découvert, en Belgique, dans un grotte de la province de Liége, par M. Schmerling. L'authenticité de l'un et de l'autre est fortement contestée. Il est certain que leur âge est tout à fait hypothétique, et que rien ne permet de dater avec une absolue certitude les gisements où ces deux crânes ont été rencontrés. Quoi qu'il en soit, les partisans du système transformiste se refusent à abandonner et à rejeter un document, comme le crâne de Néanderthal, qui, à leurs yeux, est le type de l'homme au temps du grand ours, et vient affirmer un état de dégradation physique, favorable au système de l'évolution. Il est incontestable, en effet, que le crâne de Néanderthal offre des caractères de bestialité telle, qu'il pourrait être, au dire de quelques anthropologistes, le crâne d'un idiot. Mais vouloir faire d'un type douteux, probablement accidentel et peut-être moderne, le type de l'humanité à une certaine époque, est, à coup sûr, une prétention exorbitante, qui ne peut s'expliquer que par des intérêts de système et de doctrine. Il y a longtemps qu'on l'aurait abandonné, s'il n'était utile pour les besoins de certaines thèses, beaucoup plus philosophiques que scientifiques, auxquelles le célèbre naturaliste anglais,

M. Darwin, a cru devoir prêter l'appui de sa vaste érudition. Bien qu'il soit d'usage de mêler l'étude des idées transformistes à la question préhistorique, je ne m'y arrêterai point ici, parce qu'il ne me semble pas que le darwinisme et les systèmes qui en sont issus, soient des rejetons légitimes de la science. La preuve de leur filiation reste à faire. Jusqu'à nouvel ordre, il est impossible, je le répète, à un esprit impartial d'y voir dans le fond autre chose qu'une thèse philosophique. Revenons donc sur le terrain solide de la science positive. D'autres documents, malheureusement incomplets et mutilés, retrouvés à la Naulette (Belgique) par M. Dupont, à Arcis-sur-Cure (Aube) par M. de Vibraye, à Eguisheim, dans le lehm de la vallée du Rhin, par M. Faudel, et enfin la fameuse mâchoire de Moulin-Quignon (Somme), ont une authenticité beaucoup plus certaine. De savants anthropologistes ont cru reconnaître dès cette époque primitive les caractères généraux de la race dite mongoloïde, qu'on voit apparaître d'une façon plus certaine à l'âge suivant, qui est l'âge du renne. Mais ces rares documents sont trop défectueux, et il est trop difficile de les classer stratigraphiquement pour qu'on puisse en tirer des conclusions définitives.

Les hommes de cette primitive époque vivaient dispersés, le plus souvent dans des grottes qui leur offraient un abri naturel, rarement dans des campements en rase campagne. En lutte continuelle avec les redoutables animaux qui peuplaient les forêts sans limites, ils ignoraient l'agriculture, l'élevage des animaux domestiques, et ne vivaient que du produit de leurs chasses. Leur principale industrie consistait à détacher par percussion de longs éclats des blocs naturels de silex, et à les tailler grossièrement en pointes de lances et en casse-têtes. La rencontre d'instruments appelés par les archéologues des racloirs, employés encore aujourd'hui par les Esquimaux pour la préparation des peaux, fait supposer qu'ils savaient utiliser, pour s'en faire des vêtements, les fourrures des animaux qu'ils tuaient à la chasse. Ces considérations sont basées sur l'étude des stations de cet âge, où l'on ne trouve absolument pas autre chose que les pointes, les racloirs et les éclats de silex, les blocs d'où on les détachait, les marteaux qui servaient à cette opération. Les débris de repas consistent exclusivement en ossements d'animaux sauvages : mammouths, rennes, tigres, chevaux, ours, etc., généralement brisés d'une manière uniforme pour en extraire la moelle, ou portant des incisions faites par les couteaux de pierre. Enfin, des restes de foyers attestent la connaissance du feu. On rencontre aussi çà et là des objets de parure, analogues à ceux dont font encore usage les sauvages modernes ; des dents, trophées de chasse, ou des coquillages percés de trous pour les pendre. Quelques fouilles ont révélé des traces douteuses de poterie. Mais leur rareté suffit pour démontrer que l'usage en était, au moins, fort peu répandu.

J'ai dit précédemment qu'il n'était pas toujours facile d'asseoir une classification des premiers temps de l'âge de pierre, sur les données fournies exclusivement par la stratigraphie et la géologie. Un des savants conservateurs du musée national de Saint-Germain-en-Laye, M. Gabriel de Mortillet, a proposé une classification très-rationnelle, basée sur l'étude comparée des produits de l'industrie humaine. Cette classification est adoptée et suivie au musée des Antiquités Nationales. Elle comprend quatre grandes divisions, qui portent les noms des localités les plus connues et les plus typiques. La première est l'*époque du Moustiers*[1], correspondant aux temps quaternaires les plus anciens, dont nous venons de parler. C'est l'ancien âge du mammouth et du grand ours. Ensuite vient l'*époque de Solutré*, qui est le premier âge du renne, de M. Ed. Lartet. La station de Solutré (Saône-et-Loire), située au pied d'un magnifique escarpement jurassique des environs de Mâcon, a fourni de riches documents anthropologiques sur le premier âge du renne. S'il était possible d'admettre que le type bestial de Néanderthal eût été jamais le type dominant d'une époque, ce type se serait singulièrement humanisé déjà à l'époque de Solutré, et il faudrait alors, suivant la théorie de l'école transformiste, supposer qu'un laps de temps énorme sépare l'âge du grand ours de celui du renne. Quoi qu'il en soit, tous les individus, exhumés de la nécropole de Solutré, sont bien constitués, parfaitement dignes du nom d'hommes, quoique offrant cependant, il faut le reconnaître, des caractères généraux, qui n'appartiennent aujourd'hui qu'aux races inférieures. M. le docteur Pruner-Bey les range tous dans cette famille humaine à face losangique, qu'il a baptisée pour cela du nom de mongoloïde. Le savant anthropologiste va plus loin, et croit pouvoir y distinguer quatre types principaux, qu'il assimile à des races encore représentées : le Lapon, à tête ronde, au squelette pauvre et grêle, et de petite taille; le Finnois, sur la limite des têtes longues et des têtes rondes, au squelette massif, et de haute stature; l'Esthonien, au crâne très-allongé, une race vigoureuse et puissante; enfin, l'Esquimaud du détroit de Behring.

On a combattu, il est vrai, ces conclusions. L'école anthropologiste transformiste nie qu'il soit possible de donner la caractéristique des races humaines et, par conséquent, de rattacher les vieux

[1] La grotte du Moustiers, d'où cette époque tire son nom, est située dans la commune de Peyzac (Dordogne).

restes découverts dans des fouilles archéologiques, à tel ou tel groupe de familles humaines. Cette objection a-t-elle une valeur réelle? S'il s'agissait de races animales, de races de chien, par exemple, personne ne songerait à nier la possibilité de les distinguer avec certitude. Pourquoi toute détermination deviendrait-elle impossible, quand il est question de l'homme? Sans doute, fait observer M. de Quatrefages, la difficulté s'accroît pour l'homme, comme aussi pour le chien, quand les races sont plus voisines; mais le problème n'en reste pas moins exactement de la même nature, et les méthodes pour le résoudre ne changent pas. Inutile d'ajouter que M. de Quatrefages est un défenseur aussi habile que convaincu des conclusions et des idées de M. Pruner-Bey.

La diversité des types, dès l'époque de Solutré, nous conduit à une autre conclusion importante; c'est que la race primitive qu'ils représentent avait été déjà singulièrement brassée pendant les longues étapes qu'elle avait dû parcourir antérieurement à l'âge du renne. Cela ne doit point surprendre si, dès l'âge du grand ours ou du Moustiers, la même race d'hommes occupait déjà nos contrées, ce qui est probable. Deux causes puissantes ont, de tout temps, contribué à modeler le type humain : les modes d'existence et le climat. L'homme que nous retrouvons à cette époque n'est plus le sauvage grossier de l'âge précédent. Il ne vit plus comme ce dernier, isolé dans les cavernes. De petites peuplades, encore bien clair-semées, — il faut tant de place pour nourrir une tribu de chasseurs, — ont déjà pris possession des coteaux les mieux exposés, les mieux abrités, les plus faciles à défendre, le long des fleuves ou près des sources. Le campement de Solutré a fourni, sur le premier âge du renne, les plus curieux renseignements. Véritable Pompéi préhistorique, il fait connaître non-seulement l'industrie, mais le mode d'alimentation, d'habitation et les usages funéraires de cette époque. L'art de tailler le silex y est poussé à un degré de perfection très-remarquable. On y retrouve toute la faune dite quaternaire au grand complet. Aucun animal domestique, sans même en excepter le chien, n'est encore représenté. Le renne paraît avoir constitué, avec le cheval, à peu près toute l'alimentation de la tribu, ce qui justifie la dénomination d'âge du Renne donnée à cette période par M. Ed. Lartet; mais on pourrait dire tout aussi bien l'âge du Cheval, car ce solipède est plus abondant encore que le renne dans les débris de cuisine. Le grand intérêt du gisement de Solutré réside surtout dans les squelettes humains retrouvés en grand nombre au milieu même des huttes, et dans une relation si constante avec le foyer domestique devenu le foyer funéraire, qu'il est impossible d'élever aucun doute sérieux sur leur authenticité.

La troisième division de la classification dont nous parlions plus haut est l'*époque d'Aurignac*, où s'affirme déjà un certain progrès sur l'âge précédent. La grotte d'Aurignac (Haute-Garonne), explorée par M. Ed. Lartet, en est le type. Le beau gisement de Cro-Magnon (Dordogne), fouillé par M. Lartet fils ; ceux de Chatel-Perron et de la Chaise complètent les documents qu'on n'avait retrouvés à Aurignac qu'incomplets et bouleversés. Ce n'est plus seulement le silex, mais les os et la corne qui sont employés à la confection des instruments et des armes. Puis un nouveau progrès s'accomplit et l'on entre dans *l'époque de la Madeleine*, qui clôt la série de l'âge de la pierre taillée par éclats. Tandis que les gens de Solutré ne fabriquaient guère que des armes de chasse et des outils en pierre, s'essayant à peine à de rares et imparfaites ébauches de sculpture et d'ornementation ; ceux de la Madeleine et des Eysies (Dordogne), de Bruniquel (Tarn-et-Garonne), de Furfooz (Belgique) ont des loisirs plus grands et les consacrent à des travaux qui accusent certaines préoccupations artistiques. Ils s'appliquent surtout à reproduire sur la corne, l'os ou la pierre la figure des animaux au milieu desquels ils vivaient. Les caractères distinctifs de chaque espèce sont très-heureusement rendus dans ces naïves ébauches, ce qui, à défaut d'autres preuves très-suffisantes, trancherait victorieusement la question de la contemporanéité de l'homme et de certains animaux de la faune dite quaternaire. J'ajouterai que la classification que je viens d'exposer à grands traits trouve sa justification et sa preuve géologique dans la stratigraphie des grottes explorées en Belgique, par M. Dupont. Tous les équivalents de nos gisements français s'y sont en effet rencontrés dans un ordre rigoureusement conforme à celui qui est adopté au musée de Saint-Germain.

Le type humain que nous avons vu à Solutré persiste pendant les deux époques suivantes : à Cro-Magnon, à Furfooz[1]. Les squelettes recueillis à Cro-Magnon, par M. Louis Lartet, ont particulièrement donné lieu à d'intéressants débats. Le savant docteur Broca a publié, dans les Mémoires de la Société d'anthropologie, une étude très-saisissante, où il analyse les principaux caractères de cette race. Par quelques-uns de ses traits, dit-il, elle atteignait les degrés les plus élevés et les plus nobles de la morphologie humaine ; et par d'autres traits elle descendait même au-dessous des types anthropologiques les plus inférieurs de l'époque actuelle. M. Broca va plus

---

[1] Nous ne citons ici que les gisements pour ainsi dire classiques ; mais tous les jours les catalogues s'enrichissent et se complètent. Récemment encore le docteur Rivière à Menton, MM. Massénat, Lalande et Cartailhac, à Laugerie-Basse (Dordogne), découvraient des squelettes humains de l'époque quaternaire d'une authenticité incontestable.

loin et considère cette race comme entièrement distincte de toutes
les races connues. Mais M. Pruner-Bey y retrouve le type dolichocé-
phale à grand cerveau de sa famille mongoloïde. De la dispersion du
sang mongoloïde sur une aire géographique aussi étendue et déter-
minée par trois points qui seraient, par exemple, Aurignac, Solutré
et Furfooz, on serait en droit de conclure que dès ces époques recu-
lées une même famille humaine couvrait toute l'Europe occidentale.

On peut, sans trop de présomption, chercher à déterminer, en se
servant des données que l'on possède, ce que devait être le climat
de l'Europe à l'époque du renne. La température générale était
vraisemblablement plus élevée que maintenant ; mais, comme nous
l'avons vu précédemment, les neiges et les glaciers descendaient encore à des niveaux qu'ils n'occupent plus aujourd'hui, en sorte qu'on
trouvait dans des localités très-voisines, comme encore aujourd'hui
dans les Alpes, des plantes ou des animaux caractéristiques de climats très-différents. A une époque plus ancienne, l'extension des
phénomènes glaciaires avait été bien plus accentuée encore. A l'âge
du renne, le retrait des neiges se produisait depuis longtemps déjà,
et ce mouvement de recul n'a pas cessé depuis. On croit pouvoir attribuer cette lente révolution à la diminution constante de l'humidité
dans nos latitudes. La température devenait en même temps plus
froide, plus continentale, et les saisons plus extrêmes. Pas plus que
les animaux ou les plantes, l'homme n'a dû échapper à l'influence
des milieux, et, comme nous le disions plus haut, les différents
types de l'âge du renne en sont vraisemblablement la conséquence.
M. Pruner-Bey, assimilant ces types à ceux que l'on rencontre encore
de nos jours chez les Lapons, les Finnois, les Esthoniens, les Bas-
ques, certaines populations de l'Oural et de l'Amérique du Nord,
est conduit à considérer ces races modernes comme les restes et les
témoins de la grande alluvion mongoloïde primitive. La philologie
vient sur ce point prêter son appui à l'anthropologie. M. Pruner-Bey
et M. de Charencey ont démontré que les idiomes de ces diverses
populations modernes sont reliés entre eux par des affinités linguistiques incontestables. Aussi, d'éminents anthropologistes, M. de
Quatrefages est du nombre, ont-ils cru devoir les classer dans un
seul et même groupe rattaché à la race blanche, sous le nom de
blancs allophyles. Ici la philologie nous apporte encore quelques lumières. On sait que le basque, les langues finnoises, les dialectes de
l'Oural, sans parler de ceux de l'Amérique du Nord, ont été réunis
dans une même famille linguistique, qu'on appelle la famille tou-
ranienne à langues agglomérantes. Or, MM. Pott, en Allemagne ;
Max Müller, en Angleterre ; Oppert, en France, ont cru pouvoir admettre un lien de parenté, une affinité probable entre la grande fa-

mille japhétique et certaines familles tartaro-finnoises ou toura-
niennes, qui ne sont autres que nos blancs allophyles.

Les langues agglomérantes, ainsi appelées par opposition aux langues à flexions, parce que les racines primitives s'y trouvent juxta-
posées sans altérations importantes, représenteraient tout simplement une des évolutions du langage, à un degré de développement
inférieur et antérieur à celui des langues à flexions qui en sont la
forme la plus parfaite. Il résulte de là que le groupe humain à langues agglomérantes pouvait représenter un des rameaux détachés
du tronc japhétique, à une époque antérieure à toutes les migrations
connues, correspondant précisément à la phase linguistique à forme
agglomérante. Voilà un fait bien digne de remarque. Deux sciences
radicalement distinctes arrivent à la même conclusion par des pro-
cédés tout différents. D'une part la philologie nous apprend que des
langues agglomérantes correspondent à un état embryonnaire du
langage et que les populations qui les parlent ont dû se séparer les
premières du tronc blanc ; de l'autre l'anthropologie rattachant ces
mêmes populations au tronc blanc, croit pouvoir établir leur parenté
avec les plus anciennes races humaines dont l'Europe garde la
trace. De telles concordances ne peuvent pas être l'effet du hasard
et justifient la théorie de M. Pruner-Bey.

Il n'est pas prouvé que la race mongoloïde ait seule et exclusivement régné en Europe à l'âge du renne. On a cru déjà reconnaître,
dans quelques documents de cette époque, des traces du sang aryen,
mais la question restera irrésolue tant qu'on n'aura pas rencontré
des indices plus concluants. L'époque de l'arrivée des premiers aryens
dans nos pays est donc très-problématique. Il est certain qu'ils y
étaient à l'époque de la pierre polie, — les sépultures de cet âge sont
là pour l'attester, — mais il est à croire qu'ils y vinrent déjà antérieurement. En effet, il est difficile d'admettre que dans le monde
primitif aient pu se produire de subites inondations humaines et de
grandes migrations violentes ; elles n'avaient pas de raison d'être.
Aucune cause ne pouvait déterminer à de grands déplacements toujours périlleux, des races à moitié sauvages, qui, entourées de vastes
solitudes, de forêts sans limites, de pâturages déserts, mal armées et
pourvues seulement d'une industrie rudimentaire, devaient au contraire, sans fatigues et sans dangers, s'étendre librement et progressivement de proche en proche. Si donc nous trouvons les populations aryennes très-denses déjà en Europe, à l'époque de la pierre
polie, c'est que le mouvement ethnique qui les portait vers l'Occident était depuis longtemps commencé. Les générations se succédè-
rent les unes aux autres comme les flots d'une marée montante for-
mant autant d'alluvions successives distinctes par leur industrie et

leur degré de culture intellectuelle. C'est ainsi que nous voyons apparaître tout à coup la civilisation dite de la pierre polie, importée, selon toute apparence, par une émigration celtique, ou transmise de proche en proche à travers la lande et la forêt.

La hachette polie est au vieux casse-tête quaternaire ce que serait le chassepot au fusil à pierre. C'est l'indice d'un progrès réalisé. Cette arme consiste en une pierre dure, généralement un galet affectant naturellement la forme cherchée, qu'on aiguisait à la meule et qu'on emmanchait ensuite à l'extrémité d'une massue de bois par l'intermédiaire d'une gaîne en corne de cerf. On ne l'a jamais retrouvée à l'époque du renne. Elle caractérise donc rigoureusement l'âge qui suit, appelé pour cela l'âge de la pierre polie. Cette phase nouvelle de la civilisation s'est en quelque sorte révélée à la suite de fouilles opérées en 1854 dans les lacs suisses. Une longue sécheresse ayant abaissé le niveau des eaux et mis à découvert dans le lac de Zurich des pilotis enfouis dans la vase, à quelque distance du rivage, des explorateurs, parmi lesquels il faut citer en première ligne M. Keller, puis MM. Desor, Troyon, Morlot, etc., reconnurent que ces pilotis avaient servi jadis à supporter des habitations analogues à celles des sauvages de la Nouvelle-Guinée ou des îles Carolines. On fouilla la vase, et l'on en retira tout un ensemble d'armes, d'instruments, d'objets divers, enfouis par suite de la destruction des huttes supérieures. Ces habitations sur pilotis ont reçu le nom de palafittes ou stations lacustres. Il y en a de plusieurs époques; nous n'avons à parler pour le moment que de celles de l'âge de pierre. Le mobilier de ces palafittes et des autres stations contemporaines est infiniment supérieur à celui des stations de l'époque du renne. L'armement s'est enrichi de la hachette polie décrite précédemment; les lances, les flèches en silex affectent des formes nouvelles et présentent tous les types possibles, depuis la simple lame triangulaire jusqu'à la pointe barbelée à ailerons, que l'on ne rencontre point aux époques précédentes. Les couteaux, les grattoirs, les ciseaux, les gouges, les scies, les marteaux, les polissoirs, abondent partout. Les os travaillés sont nombreux aussi, sous la forme d'épingles, d'aiguilles, de peignes, de hameçons ou de flèches. Enfin l'usage de la poterie prend un développement considérable; mais quelle poterie! Des vases grossiers, mal cuits, faits à la main, sans ornements, ou à peu près, très-reconnaissables à leur pâte grossière et à leurs contours frustes et irréguliers. Quelques-uns de ces vases, retrouvés intacts, contenaient encore des grains carbonisés, tels que le froment, l'épeautre, l'avoine, l'orge, qu'on cultivait déjà, ou bien des fruits, des pommes, des poires, des cerises, des prunes, etc. Les meules destinées à écraser le grain viennent attester les progrès de l'alimentation.

Dans certaines stations on a même retrouvé des pains et des gâteaux. On connaissait le lin, dont on fabriquait des cordes et des filets. Les débris de cuisine n'ont fourni que des animaux vivant encore aujourd'hui aux mêmes lieux, à l'exception du bison européen, autrement dit l'aurochs, qu'on ne retrouve plus qu'en Lithuanie. Le chien, le cochon, la chèvre et le mouton sont domestiqués.

Les stations de cette époque sont beaucoup plus nombreuses que celles des époques précédentes, et cela se comprend : les conditions de la vie ont changé. Au lieu de misérables peuplades de chasseurs de rennes, réduites à faire le vide autour d'elles et à maintenir l'intégrité du désert et l'inviolabilité de leurs territoires de chasse, nous rencontrons déjà des tribus de pasteurs et d'agriculteurs qui, sur de plus petits espaces, trouvent des ressources plus nombreuses, une existence plus facile, et des loisirs féconds en progrès industriels. On ne vit plus de la guerre et de la destruction, mais de la paix, en stimulant la fécondité de la nature. A la vie égoïste et isolée succède la vie collective et l'association des forces et du travail. Quelques familles, pauvres sans doute, continuent à demeurer dans les grottes ; mais des huttes, des campements, ou même de grands villages sur pilotis, s'élèvent nombreux sur les coteaux, dans les plaines, le long des fleuves ou sur les lacs. De vastes retranchements en terre ou en pierres brutes couronnent les montagnes, et servent d'asile, en cas d'attaque, aux populations du voisinage. Enfin il faut rapporter à cette époque les monuments vulgairement appelés druidiques ou mégalithiques, dolmens, menhirs, cromlechs, allées couvertes, etc., qui, dans l'Europe occidentale, ne sont pour la plupart que des tombeaux de l'âge de la pierre polie. Je dis : dans l'Europe occidentale, parce que dans tous les pays on a élevé, à des époques très-diverses, suivant les lieux, des monuments en pierre brutes qu'il serait inexact d'assimiler aux tombeaux des primitifs habitants de la Gaule. C'est tout au plus s'il est permis de classer dans une même série les monuments de la Grande-Bretagne, ceux de la Gaule occidentale, du Portugal et de l'Algérie, qui présentent de grandes analogies de construction, avec cette différence que les uns appartiennent à l'époque de la pierre polie ; les autres, ceux de l'Algérie, à l'époque du bronze, et même, paraît-il, à l'époque romaine. Des savants compétents sur cette question, et notamment M. Alexandre Bertrand, ont cru y reconnaître les traces d'une seule et même race qui, partie au temps de la pierre polie, des bords de la Baltique, aurait cheminé lentement le long des côtes de la mer jusqu'à l'Océan, et serait arrivée, en dernier lieu, en Afrique, où elle aurait conservé son autonomie et ses traditions jusqu'au temps de la conquête romaine.

Malgré les progrès réalisés depuis l'âge du renne, nous n'avons

encore affaire, ne nous y trompons pas, qu'à des barbares, presque
à des sauvages. Et cependant, sur certains points, l'industrie contemporaine des hachettes en pierre polie a laissé des traces révélant
un état social bien supérieur. A l'île de Therasia (Santorin), par
exemple, les hommes de l'âge de la pierre polie construisaient des
maisons en pierre, protégées par des toits solides, et fabriquaient à
l'aide du tour une poterie fine, décorée de peintures polychromes,
qu'il est permis de comparer à certains vases grecs de la bonne
époque. Pour ces hommes-là, les habitants de la Suisse ou des
bords de la Saône, par exemple, n'étaient que de grossiers sauvages. Il ne faut donc pas juger l'âge de la pierre polie, en général,
par ce qui se passait dans l'Europe occidentale; on risquerait peut-
être de tomber dans une erreur aussi grave que si l'on prétendait
caractériser le développement de l'humanité au dix-neuvième siècle
par les mœurs des Australiens, des habitants du Groënland, de la
Terre-de-Feu ou de l'Afrique centrale. Nous savons encore trop peu
de chose des races primitives, pour hasarder des théories générales
sur la marche de la civilisation et de l'humanité. Sans doute, il y a
un progrès bien manifeste depuis l'âge du grand ours jusqu'à celui
de la pierre polie; mais il reste de telles lacunes entre chacune des
grandes époques dont nous avons tracé le tableau, qu'il est impossible d'en bien connaître l'enchaînement, si toutefois il existe. Ainsi,
entre l'âge du renne et celui de la pierre polie, les archéologues de
tous les pays signalent un abîme, une absence complète d'intermédiaires : on ignore donc comment a pu se produire le passage de
l'un à l'autre. Il faut attendre, avant de conclure sur ces questions
générales, que l'Orient nous ait livré tous les mystères de son obscur
passé. Il est évident, en effet, que le développement de l'humanité
s'y est produit beaucoup plus activement qu'en Occident, et avec des
allures toutes différentes, que nous ne connaissons encore que très-
imparfaitement. L'Asie centrale fut un foyer de lumières dont les
rayons ne cessèrent pendant longtemps de se répandre en tous sens,
s'affaiblissant à mesure qu'ils s'éloignaient de leur source, et finissant par se perdre tout à fait. Au delà d'une certaine sphère il n'y
avait plus que barbarie, ténèbres et sauvagerie. On trouve la preuve
de cette irradiation décroissante de la civilisation à partir d'un centre encore mal déterminé, à toutes les époques préhistoriques. Les
inventions nouvelles devaient se répandre rapidement, plus rapidement que les races qui en avaient enrichi le patrimoine de l'humanité, et les inventions utiles, comme les armes, par exemple, pre-
naient le pas sur les objets de luxe. Voilà pourquoi, probablement,
les hachettes en pierre polie arrivèrent dans l'extrême Europe bien

avant les beaux vases de Santorin, dont on n'avait que faire chez nous.

Les ossements humains de l'époque de la pierre polie sont assez abondants pour qu'on ait pu, sur un grand nombre de points, faire des études comparées des types existant à cette époque. Le type aryen domine partout dans l'Europe occidentale, et le type celtique y est commun. La race mongoloïde, traquée, repoussée, disparaît en s'écoulant au nord et au midi, laissant çà et là quelques îlots, quelques témoins, que les siècles ont respectés, et qu'on retrouve encore de nos jours. Les peuples connus dans l'antiquité sous le nom d'Ibères et de Ligures furent, paraît-il, les derniers survivants en corps de nation des antiques et premiers possesseurs de la Gaule et des régions voisines.

On s'est préoccupé avec raison de la contradiction qui paraît exister entre les conclusions de l'archéologie et celles de la philologie touchant l'arrivée des Aryens dans nos contrées. Il résulterait en effet, au premier abord, de l'étude comparée des langues indo-européennes et de l'identité des radicaux servant à désigner les métaux dans ces différentes langues, que la famille aryenne connaissait déjà les métaux avant de quitter les plateaux de la haute Asie pour couvrir l'Europe, c'est-à-dire avant sa dispersion. Telle est l'opinion de MM. Ad. Pictet et Max Müller. Comment concilier cela avec l'apparition du type aryen dans l'extrême Occident dès l'âge de la pierre polie? Je crois qu'il n'y a pas là de difficulté sérieuse, et que la contradiction est plus apparente que réelle. En effet, les langues connues ne nous révèlent que la dernière grande alluvion aryenne correspondant à l'ère des métaux. Ce courant dut rencontrer en Europe d'autres populations aryennes qui l'y avaient précédé. Il y eut superposition de couches successives qui s'amalgamèrent d'autant plus facilement que leur parenté était plus proche. Tandis que l'anthropologie pouvait, à l'aide de ses moyens spéciaux d'investigation, pénétrer dans les profondeurs de ces couches ethniques, la philologie fut longtemps arrêtée à l'alluvion superficielle. Elle n'avait ni points de repère ni termes de comparaison pour aller au delà. Cependant on croit distinguer maintenant dans les langues indo-européennes un fonds correspondant à l'époque de la pierre polie, et l'on cherche à établir sur la linguistique les premières migrations aryo-celtiques postérieures à cette époque.

L'usage du bronze paraît avoir pénétré en Europe lentement, et de proche en proche. Sans doute, si l'on considère la civilisation de l'âge du bronze à son apogée, on est frappé des différences radicales qu'elle présente avec celle de la pierre polie à son aurore, indices certains d'un progrès réalisé et de transformations sociales, et peut-être même ethniques, considérables. Mais si l'on s'attache à étudier les stations intermédiaires, on acquiert la certitude que sur un grand nombre de points il n'y a pas eu de révolution soudaine, mais une transition insensible ; tellement qu'il est souvent impossible de dire où un âge commence et où l'autre finit. De plus, il résulte d'une manière certaine des faits connus, que la civilisation de l'âge de bronze ne s'est point développée partout en même temps, ni avec une égale importance. Les Égyptiens étaient déjà en plein âge de bronze, quand l'Europe occidentale ne connaissait vraisemblablement encore que la pierre ; et l'apogée de l'industrie du bronze en Danemark correspond à l'âge du fer chez nous, et même à une époque relativement très-récente, puisqu'on ne la fait pas remonter au delà des premiers siècles de notre ère. Tous les progrès industriels, comme tous les déplacements ethniques, se sont opérés, par rapport à l'Europe, de l'est à l'ouest et du sud au nord. C'est une loi constante, que toutes les récentes découvertes ne font que confirmer, et qui se trouve d'accord avec les faits que je viens de mentionner.

Si le bronze a pu se répandre dans le principe de proche en proche et par voie d'échange, il n'en est pas moins certain que lorsque le métal nouveau devint d'un usage plus fréquent et plus répandu, les peuples qui le fabriquaient durent chercher à en favoriser l'exportation. Il arriva même que des émigrants apportèrent au milieu des peuplades moins civilisées de l'Occident, une industrie supérieure aux industries indigènes, et se firent les propagateurs des inventions nouvelles. Il est impossible, dans l'état actuel de la science, de dire quelles races ont le plus activement travaillé à la dispersion du bronze. Nous en sommes réduits sur ce point à de simples hypothèses, qu'éclairent çà et là quelques lueurs.

Les peuples kouschistes des bords de l'Euphrate et les habitants de la vallée du Nil, connaissaient le bronze aussi loin qu'on peut remonter dans leur histoire. Ce sont, pour le moment, les plus anciens centres connus, pour qui veut suivre dans le passé la trace des civilisations de l'Occident. Mais un jour viendra peut-être où l'on pourra pénétrer plus loin encore. Il semble que les peuples touraniens des bords de la mer d'Aral aient joui d'une civilisation antérieure à toutes celles que nous connaissons. C'est eux qui importèrent à Babylone l'écriture cunéiforme, en même temps qu'un de leurs rameaux allait poser chez les Miao-Tseu les premières assises de la civilisation chinoise. La critique artistique a signalé un élément touranien dans les primitives conceptions plastiques des peuples européens, et l'on ne peut s'empêcher, à tort ou à raison, de rapprocher tous ces faits des curieux travaux d'art que les Touraniens de l'âge du renne ébauchaient dans les cavernes de la France, aux temps quaternaires.

Il n'est donc pas impossible que les Touraniens aient connu le bronze avant les Aryens ou les peuples chamitiques. Mais à moins qu'ils n'aient directement propagé ce métal en Europe par les pays du Nord, il n'est pas nécessaire d'en aller chercher l'origine aussi loin. En effet, ce n'est que 1,800 ans ou 2,000 ans au plus avant notre ère, que le bronze fit son apparition dans l'extrême Occident.

Or, dès cette époque, la Géorgie et la Circassie étaient déjà des centres d'exploitation métallurgique. C'est de là que les peuples des bords de l'Euphrate tiraient la plus grande partie de leur bronze, et les Égyptiens eux-mêmes, avant qu'on ne connût les mines des Indes et de Ceylan, recevaient aussi leurs métaux du Caucase. Il ne serait donc pas impossible que le bronze nous fût venu de ce point.

Que la métallurgie primitive nous ait été, dès le principe, transmise d'un centre unique, cela paraît assez vraisemblable, lorsque l'on considère l'uniformité des types d'armes ou d'instruments de la première époque du bronze, répandus sur toute la surface de l'Europe. J'ai eu l'occasion, par exemple, de signaler ailleurs l'air incontestable de parenté qui établit un lien probable de filiation entre certains instruments des anciens Égyptiens et les mêmes objets appartenant à l'âge du bronze européen. Mais il ne faudrait pas en conclure cependant que les Égyptiens aient exercé directement leur influence sur l'Europe occidentale. Les habitants de la vallée du Nil étaient avant tout consommateurs et produisaient peu pour l'exportation. Si leur civilisation a rayonné au loin, c'est par l'intermédiaire de peuples commerçants et navigateurs qui s'en firent les propagateurs. Dès le seizième ou le dix-septième siècle, on trouve les rivages de la Méditerranée occupés par des populations aryo-pélasgiques qui, parties du berceau commun de la race aryenne, s'étaient avancées à l'occident par les côtes de la mer Caspienne, l'Hellespont et l'Asie Mineure. La critique historique croit pouvoir distinguer, au milieu des traditions assez confuses que nous ont léguées ces âges lointains, plusieurs grandes émigrations successives accomplies soit par terre, soit par mer. Les Pélasges formèrent des nations puissantes qui couvrirent de leurs barques la Méditerranée et ne cessèrent d'entretenir des relations avec l'Orient, à une époque où les Phéniciens, ces grands navigateurs de l'antiquité, faisaient à peine leurs premiers essais de cabotage sur les côtes de Syrie ou d'Égypte. Ces peuples pélasgiques eurent certainement une influence considérable sur le développement de l'industrie à l'âge de bronze, en Europe. Non-seulement ils pouvaient, par la mer Noire, aller chercher le bronze du Caucase et le transporter manufacturé sur tous les rivages de la Médi-

terranée, mais ils durent s'inspirer des arts assyrio-égyptiens, se
faire fabricants à leur tour, et jeter dans la circulation des types
différents de ceux que produisaient les ateliers indigènes de l'intérieur des terres. Une inscription recueillie à Karnak par M. Mariette
et lue par M. de Rougé, nous apporte des révélations aussi curieuses
qu'inattendues sur la puissance des nations pélasgiques au quatorzième siècle. Il y est en effet question d'une descente opérée en
Égypte sous le règne de Menephtah, fils de Ramsès II, de la dix-
neuvième dynastie, par des peuples « venus des îles et régions de la
mer, » parmi lesquels on retrouve les noms des Lybiens, des Sardes,
des Sicules, des Achéens, des Laconiens, des Lyciens et des Étrusques.

A partir du treizième et du quatorzième siècle, la puissance ma-
ritime et commerciale des Phéniciens se développe en Occident. L'industrie du bronze était alors très-importante déjà chez eux. Dès cette
époque et antérieurement, ils connaissaient probablement aussi le
fer, par suite de leurs rapports avec l'Assyrie et l'Égypte. Or il est
historiquement établi qu'ils firent un grand commerce d'objets de
bronze avec les peuples européens. Ils durent aussi leur apporter le
fer, qui ne paraît pas avoir été connu en Occident beaucoup avant le
treizième siècle.

Les faits connus viennent à l'appui de ces aperçus, et la civilisation de l'âge de bronze en Europe paraît avoir passé par trois phases
successives. La phase primitive correspondrait à la dispersion des
premiers types par voie d'échange ou autrement, à partir d'un
centre probablement unique et qu'il faut placer sur les confins de
l'Asie. Ensuite, les Pélasges avaient introduit des types nouveaux
fortement empreints du caractère propre de leur race et des influences qu'elle recevait d'Orient. Enfin, les Étrusques et les Phéniciens seraient intervenus à leur tour sur la scène européenne à l'é-
poque qui fait la transition entre l'âge de bronze et l'âge du fer.

Le congrès d'archéologie préhistorique qui s'est tenu il y a un an
à Bologne, a jeté les plus vives clartés sur cette question, en démontrant, preuves en mains, que l'Italie du Nord fut un centre de dispersion à la seconde époque du bronze, ainsi qu'à la troisième, qu'on
appelle aussi le premier âge du fer. Les objets recueillis en grand
nombre dans les riches stations d'Italie, connues sous le nom de terramares, et dans les antiques nécropoles, comparés à ceux que l'on
conserve dans les différentes collections européennes, ne peuvent
laisser aucun doute à ce sujet. Les fouilles opérées en Italie ont permis de connaître exactement les produits de la civilisation étrusque
et d'en faire comme un jalon posé à l'aurore des temps historiques.
Du même coup on a pu suivre la dispersion de ces produits en Eu-

rope, et former une catégorie distincte de ce qui se rapporte aux temps immédiatement antérieurs et à la période pélasgique. Ces types et ces jalons, dont on doit la connaissance aux beaux travaux de MM. Gozzadini, Capellini, Stoppani, de Rossi, Nicolucci, Pigorini, etc., peuvent servir très-utilement pour la connaissance et le classement des antiquités de l'âge de bronze ; mais il est important d'y ajouter un dernier élément de critique. En effet, aux influences étrangères, pélasgiques, étrusques et phéniciennes, sont venues se joindre des influences locales qui, imprimant à chaque petit centre de civilisation une physionomie particulière, ont donné aux industries indigènes leur caractère spécial. Les ateliers métallurgiques étaient, dès cette époque, très-nombreux en Europe, et tout en adoptant dans leur ensemble certains types étrangers, ils les modifiaient dans les détails, selon les goûts et les besoins du pays.

C'est à partir du moment où le premier métal, bronze ou fer, fait son apparition, que commence pour chaque peuple une ère nouvelle, et que prend véritablement fin la barbarie primitive. Généralement, le fer ne fut connu que longtemps après le bronze. Mais l'âge de bronze peut néanmoins faire défaut sur certains points, et, par exemple, les Néo-Calédoniens passeront de l'âge de pierre à l'âge de fer sans intermédiaire. En Europe, les temps historiques commencent avec le premier âge du fer, et la tradition se taisait si bien sur les âges antérieurs, que nous les ignorerions encore sans les trouvailles des dernières années. C'est assurément là un grand résultat ; car, non-seulement il nous fait connaître des phases ignorées de l'industrie humaine, mais il nous laisse pressentir de nouvelles découvertes, bien plus importantes, en ce qui concerne les migrations des peuples et la composition ethnique de la vieille Europe. Par la comparaison des produits retrouvés en divers lieux, ainsi que des mœurs et des coutumes qu'ils révèlent, on arrivera certainement à rétablir un grand nombre des liens qui nous manquent pour reconstituer la filiation des populations primitives. De plus, ces connaissances nouvelles jettent de vives lumières sur des coutumes ou des traditions restées inexpliquées jusqu'ici, parce que leur origine se perdait dans la nuit des temps. Ainsi, les autels en pierres brutes et vierges des atteintes du fer, qu'élevaient les Hébreux, et leurs couteaux de circoncision en silex, apparaissent comme un souvenir de l'âge de pierre. L'usage exclusif d'instruments de bronze dans les cérémonies du culte chez les anciens Romains, nous permet, comme l'a fait remarquer fort à propos M. Michel de Rossi, de rapporter l'origine de ces cérémonies à l'âge du bronze. Beaucoup d'histoires et de légendes mythologiques, et notamment celles qui concernent les animaux monstrueux de la fable, peuvent également s'expliquer par un vague et lointain souvenir des temps primitifs. L'archéologue, s'élevant à des considérations d'un ordre supérieur, est parfois conduit à apprécier des faits qui se rattachent étroitement à l'état moral ou religieux des populations anciennes. On sait, par exemple, quelle influence profonde les croyances religieuses d'un peuple ont toujours eu sur ses coutumes funéraires. L'étude des tombeaux et des nécropoles est donc une source féconde de renseignements. Les sauvages de l'âge de pierre enterraient leurs morts dans le fond des huttes, dans des grottes ou sous de rudes mausolées en pierres brutes. A l'âge du bronze, un changement s'opère et l'on voit apparaître l'usage de brûler les corps. C'est bien vraisemblablement l'indice d'une révolution religieuse, peut-être de croyances nouvelles, amenées par des perturbations ethniques que nous ignorons, mais dont nous voyons les effets. Les livres védiques nous font assister à des transformations analogues parmi les Aryens. Primitivement ils enterraient leurs morts ; plus tard, ils prirent l'habitude de les brûler. Certaines hymnes du Rig-Véda[1] font clairement allusion à ces deux coutumes. A l'époque du fer, les Européens pratiquèrent de nouveau l'ensevelissement, dont l'usage se maintint chez les Gaulois, concurremment avec l'incinération, sans qu'il soit encore possible de savoir quelle était la cause déterminante de l'un ou de l'autre cérémonial. L'habitude de brûler les corps nous a privés à peu près complétement de renseignements anthropologiques sur les populations de l'âge de bronze, et il faut passer à l'époque suivante pour reprendre la suite de la série interrompue. Plus que jamais le type aryen se révèle de tous les côtés, modifié suivant les races, et plus ou moins mêlé au vieux sang mongoloïde.

Il suffit de jeter un coup d'œil sur une série d'antiquités de l'âge de bronze pour constater qu'un progrès considérable s'est accompli depuis l'époque de la pierre polie. L'emploi d'un métal pour la confection des instruments de tout genre permet d'en multiplier les types et d'en varier la forme suivant les besoins d'une société déjà remarquablement organisée. On ne se contente plus d'avoir de bonnes armes et de bons outils. Le sentiment artistique se révèle par tout un système d'ornementation plus ou moins étudiée dans sa simplicité primitive. Chaque groupe de population imprime à ses produits un cachet et un style particuliers qui permettent de les reconnaître et d'en déterminer la provenance. Nous sommes loin de l'âge de pierre, qui semait des types si uniformes d'un bout du monde à l'autre. A mesure qu'on descend le cours des siècles ou qu'on suit les étapes de la civilisation, on voit se dessiner et se caractériser le

---

[1] *Rig-Véda*, traduct. Langlois, t. IV, p. 156 et 160.

génie propre de chaque race. A l'âge de bronze, le besoin de luxe et de confortable s'éveille sous toutes les formes. Des étoffes tissées au métier, plus souples et plus élégantes, sinon plus chaudes, que les fourrures, remplacent dans le costume les peaux de bêtes ; l'or et la verroterie entrent dans la circulation : des bracelets, des agrafes, des boucles d'oreilles et de ceinture, de longues et belles épingles à cheveux, des pendeloques et des chaînettes, très-variées de forme, attestent une recherche dans la toilette inconnue jusque-là. Les stations lacustres de la Suisse et de la Savoie, les terramares d'Italie, de nombreuses stations de terre ferme et surtout les tombeaux, ont enrichi les musées de documents très-importants, qui s'augmentent tous les jours. En sorte que, dans un temps prochain, on sera en possession d'éléments suffisants pour faire une étude comparée et complète des produits de l'âge de bronze et de la marche de l'industrie en Europe pendant cette période.

Si la connaissance du bronze fut un progrès, l'introduction du fer en Occident fut véritablement le point de départ de la civilisation. Non-seulement l'industrie reçoit son complément par l'emploi de cet indispensable auxiliaire, mais la société s'organise et un progrès moral très-sensible correspond au progrès matériel. L'heure du réveil a sonné pour les vieilles populations aryennes de l'extrême Europe ; les barrières de la barbarie sont renversées, et la lumière arrive de tous les côtés à la fois. La famille, le clan, la tribu, la peuplade ont constitué tour à tour autant de groupes de plus en plus importants, et les grandes nationalités surgissent enfin, par suite de la fusion et de l'agrégation ds ces éléments divers. Nous entrons dans les temps historiques. Les Grecs d'Homère et les Romains, sous les rois, ne faisaient que toucher à ce premier âge du fer. Le bronze était encore parmi eux d'un usage vulgaire. On l'employait spécialement pour la fabrication des outils et des armes, réservant le fer, beaucoup plus rare et par conséquent plus précieux, pour les objets de luxe ou de parure. On le donnait en prix aux jeux olympiques. Cette période de transition est particulièrement intéressante à étudier, soit en Grèce, soit surtout en Italie, parce qu'elle s'éclaire déjà des premières lueurs de l'histoire, et qu'on risque moins de s'y égarer dans le champ obscur des hypothèses. Que n'en peut-on dire autant des autres contrées européennes, plongées pour de longs siècles encore dans les ténèbres de la barbarie.

III

Le rapide examen qui précède a, nous l'espérons, suffisamment éclairé l'esprit du lecteur pour qu'il nous soit permis de conclure.

Sur tous les faits que nous venons d'exposer il règne assurément encore beaucoup d'obscurité ; mais quelques points du tableau brillent déjà de lumières assez vives, et l'on est en droit d'espérer pour un temps prochain des résultats plus complets. Dès maintenant, les faits véritablement acquis à la science se résument à ceci : l'homme est très-ancien dans l'Europe occidentale, plus ancien qu'on ne le croyait généralement, puisqu'il a vécu en même temps que les grands mammifères de l'époque quaternaire. Cette race humaine primitive, assurément très-inférieure, comme type et comme degré de culture, à celles qui suivirent, était *égale au moins aux races les plus déshéritées de l'époque actuelle*. C'étaient donc des *hommes*, dans toute l'acception du mot. Un progrès industriel constant s'est produit depuis l'âge du mammouth jusqu'aux temps historiques, et l'on est pleinement autorisé par les faits connus à admettre pour l'Europe les divisions proposées par les archéologues. Il est certain qu'il fut un temps où l'on ignorait dans nos contrées l'usage des métaux, et qu'elles ont eu leur âge de pierre. Il est également certain que le bronze y fut connu avant le fer, et qu'on est autorisé, par conséquent, à créer une période industrielle sous le nom d'âge de bronze. Il me paraît enfin non moins démontré que ces progrès ne furent pas le résultat du développement spontané des races européennes : les lumières leur vinrent d'ailleurs. Certaines lacunes, certaines apparitions subites de substances et d'industries nouvelles, accusent des révolutions et des relations ethniques encore fort obscures, mais qu'on peut espérer connaître un jour.

Aller au delà de ces considérations générales serait entrer dans le champ des hypothèses. Je crois cependant qu'on est dès maintenant autorisé à admettre que la race de l'époque du mammouth n'était pas la même que celle de l'époque de la pierre polie, ni des temps suivants. Il me semble aussi qu'on peut penser, sans témérité, que les Aryens firent leur première apparition en Occident au plus tôt vers l'âge de la pierre polie.

Voilà les faits. Quelles conclusions pouvons-nous en tirer? Comment devons-nous les interpréter? Est-il possible, dès maintenant, d'en déduire scientifiquement une loi nouvelle du développement de l'humanité, comme se croient autorisés à le faire certains auteurs? La tradition est-elle attaquée, l'autorité de la Bible compromise? Je ne le pense pas. En effet, nos travaux ne portent guère que sur l'Europe, qui n'est guère qu'une très-petite partie du monde habité. De plus, si nous cherchons à remonter la filiation des races ou des industries humaines, tout nous conduit bien loin de l'Europe : tout gravite vers l'Orient et va se perdre dans les profondeurs de l'Asie, encore inexplorée. Tant que nous ne connaîtrons pas l'Asie comme nous connaissons l'Europe, nous ne pourrons asseoir que des conclusions provisoires et très-réservées sur toutes ces questions. Il n'est pas prouvé que l'homme quaternaire européen soit l'homme primitif, et rien ne permet d'affirmer que la barbarie de l'âge du grand ours ou du mammouth soit une des phases *normales* du développement général de l'humanité. La race européenne quaternaire était peut-être, *par rapport à des races contemporaines plus civilisées*, ce que sont aujourd'hui les Australiens ou les Néo-Calédoniens par rapport aux Européens. Je dois ajouter cependant que les faits observés en Asie, en Afrique, et ailleurs, ne permettent pas de douter qu'un grand nombre de régions aient eu leur âge de pierre, à peu près comme l'Europe. Plusieurs voyageurs ont pu visiter aux environs de Bethléem, sous la conduite de M. l'abbé Morétain, curé de Beth Saour, de très-curieuses stations, offrant les caractères incontestables de l'âge de la pierre polie. En Égypte, sur les hauts plateaux de la vallée du Nil, ou sous les alluvions modernes du fleuve, j'ai recueilli, en compagnie de M. le vicomte de Murard, des couteaux en silex, des racloirs et une hachette polie, offrant des types identiques à ceux d'Europe. Sont-ce les traces d'une industrie préhistorique antérieure à l'antique civilisation égyptienne? Les apparences et les analogies porteraient à le croire ; aussi ai-je conclu dans ce sens avec toutes les réserves que comporte la question, et en faisant appel à une vérification ultérieure. Ce fait, bien démontré, aurait en effet trop d'importance dans l'étude des origines, pour qu'il soit permis de rien affirmer prématurément. Mais ce que je puis dès maintenant donner pour certain, c'est que, de l'avis de tous les hommes compétents, ces instruments en silex, taillés ou polis, à quelque âge qu'on les rapporte d'ailleurs, offrent les traces d'un travail humain parfaitement caractérisé, que des esprits prévenus ou ignorants peuvent seuls contester. J'ajouterai que nous manquons absolument d'éléments d'appréciation pour classer chronologiquement ces restes de l'âge de pierre en Asie et en Afrique, par rapport aux objets similaires recueillis en Europe. Je le répète donc, le moment n'est pas venu d'établir des théories générales, puisque nous n'avons que des groupes de faits isolés, et dont il est impossible de saisir l'enchaînement et la concordance.

Aussi me paraît-il prudent de n'accepter que sous bénéfice d'inventaire tous les magnifiques systèmes éclos récemment autour de ces questions d'origine. Chaque fois qu'un fait nouveau vient à se produire dans la science, il arrive infailliblement que les adeptes des différentes doctrines philosophiques s'en emparent, pour en faire un argument en faveur de leurs idées. « C'est une chose curieuse, écrivait Cuvier dans un rapport à l'Académie des sciences sur le livre d'André de Gy, *la Structure de la terre*, de voir les auteurs des systèmes à l'affût des découvertes que font les observateurs, prompts à s'en emparer, à les arranger à leurs idées. Heureusement, ces châteaux aériens s'évaporent comme de vaines apparences ; ils s'évaporent sans doute, mais ce n'est pas sans effort. » Que les savants dignes de ce nom parviennent à dissiper la fâcheuse impression qui en résulte. Beaucoup d'esprits droits, plutôt qu'éclairés, ne sachant démêler le vrai du faux, et poussés par une défiance que justifient les abus des hommes à systèmes dont parle Cuvier, rejettent à la fois le fait vrai et les déductions erronnées qu'on en a tirées, les confondant dans la même réprobation, par crainte de se laisser égarer. Il faut du temps ensuite pour rendre à la vérité son éclat, la dégager des rêveries creuses dont on l'avait obscurcie, et lui assigner la place qu'elle mérite d'occuper parmi les connaissances humaines. Rien n'est plus fatal à la science que les systèmes préconçus. De toutes les nouveautés scientifiques qui ont préoccupé les esprits depuis quelques années, il n'en est peut-être pas qui aient trouvé plus de faveur auprès des hommes à systèmes, que la question préhistorique, et qui, par conséquent, ait soulevé plus d'opposition et même de répugnances de la part des esprits réservés, ennemis de la science d'aventure. A cela rien d'étonnant. Chaque fois qu'on touche à l'homme, à son histoire, à son passé, il n'est pas de problème scientifique qui n'éveille aussitôt des questions d'un ordre moral, philosophique ou religieux. L'occasion se présentant, les sectes philosophiques ne la laissent point échapper, et viennent se jeter dans la mêlée pour y construire leurs châteaux aériens. Ajoutez à cela, que de nos jours, la science, comme la politique, est encombrée de révolutionnaires qui vivent à ses dépens, y cherchent la popularité à tout prix, flattent les idées à la mode, tiennent boutique de nouveautés appropriées au goût du jour, et débitent avec grand tapage de réclames leurs produits frelatés. Pour eux, l'expérience, l'observation, l'analyse minutieuse, le labeur de chaque jour, sont des chemins trop longs. Ils prétendent arriver à la célébrité sans travail et sans étude, par la contradiction, par le renversement de ce qui est. Aussi les voit-on débuter par de grandes et merveilleuses synthèses. Tout cela est fort beau ; mais comme un simple petit fait bien établi fait mieux les affaires de la vraie science ! Malheureusement, les systèmes auront toujours pour les esprits légers, qui composent la grande masse du public, beaucoup plus de séductions que les faits.

Le principal danger des systèmes est de jeter dans la circulation une phraséologie spéciale qui, sous des apparences inoffensives. cache des piéges où se font prendre tous ceux qui ne réfléchissent pas, et le nombre en est grand. C'est ce que Montaigne appelait la grande *piperie* des mots. Ainsi toutes ces expressions : âge de pierre, temps préhistoriques, race primitive, développement progressif, qui appartiennent au nouveau vocabulaire archéologique, n'auraient jamais dû y entrer, parce qu'elles prêtent à l'équivoque. Aussi ne faut-il les accepter que sous bénéfice d'inventaire, c'est-à-dire en les définissant comme je viens de le faire et en les dépouillant de leur sens abusif. Ces locutions ne s'appliquent point à l'humanité considérée dans son ensemble, à travers le temps et l'espace ; mais simplement à des races et à des localités déterminées, avec un sens restreint.

Je ne puis ni ne dois passer sous silence, en finissant, une question fort délicate qui s'impose à l'esprit et sur laquelle, d'ailleurs, on a recueilli déjà un certain nombre de données positives. Nous avons suivi le développement progressif des industries européennes en leur assignant leur situation relative dans le temps. Est-il possible d'aller plus loin et de dater chronologiquement les grandes époques préhistoriques ? Je ne puis entrer ici dans beaucoup de détails, mais je vais chercher à faire comprendre quels sont les éléments et les *difficultés* de la question.

J'ai dit précédemment que la berge d'un fleuve était comme un vaste musée, où les produits industriels de différents âges se trouveraient classés comme dans les tiroirs d'une collection, les plus anciens étant les plus profondément enfouis. Les fleuves, en effet, par le travail incessant de leurs eaux, apportent et déposent, sur certains points de leur vallée, des sables ou des limons d'inondations dont l'épaisseur croît avec le temps. Dans certains cas, où ces dépôts sont le produit d'inondations périodiques, comme sur les bords du Nil, par exemple, il est possible de les considérer comme une véritable échelle chronométrique. Étant connue en effet, la moyenne des dépôts effectués en dix ans, il est clair que dans l'espace de cent années, *toutes choses restant égales d'ailleurs*, la puissance ou l'épaisseur des dépôts aura décuplé. Or je suppose que dans la berge d'un fleuve on constate que des objets de l'époque romaine, datant des premiers siècles de notre ère, soient enfouis régulièrement à un mètre de profondeur, on pourra en déduire que dans l'espace de 1,500 à 1,800 ans le fleuve a déposé un mètre de limon. Voilà notre unité chronologique trouvée. Que nous venions à rencontrer des objets enfouis à deux, trois ou quatre mètres, nous serons autorisés à leur assigner un âge proportionnel , c'est-à-dire de 3,000 à 7,200 ans.

Le cas que je viens de supposer s'est réalisé plusieurs fois sur des points très-différents. Il n'y a pas que les alluvions des fleuves qui aient fourni des données de cette nature. Tous les effets résultant de causes permanentes et régulières, les atterrissements des fleuves à leur embouchure, les oscillations du sol, les soulèvements ou les abaissements des cotes, les formations stalagmitiques des grottes, peuvent être interprétés dans le même sens. Les observations accomplies jusqu'à ce jour ont permis d'établir quelques dates *approximatives* qui concordent d'une façon assez remarquable, d'après lesquelles l'âge de bronze, dans l'Europe occidentale, aurait commencé vers l'an 1,800 ou 2,000 ans avant Jésus-Christ, tandis que l'âge de la pierre polie atteindrait une antiquité de quatre ou cinq mille ans avant notre ère. On n'a pas trouvé encore de termes d'évaluations pour les âges de la pierre taillée ; mais il faudrait, si les chiffres qui précèdent sont exacts, leur assigner un minimum de 8 à 10,000 ans. Sur ce point encore l'imagination s'est donnée belle carrière. Pourquoi s'arrêter en si bon chemin ? quelques zéros de plus et voilà l'humanité vieillie au nom de la science de quelques centaines de mille ans !

La science ne démontre rien de pareil ; elle ne dédaigne point assurément des tentatives d'évaluations chronologiques par la géologie, parce que c'est une voie nouvelle et que toute voie doit être explorée, mais les chiffres proposés jusqu'à présent n'ont *aucune valeur absolue* : ils sont basés sur un trop petit nombre d'observations, et, de plus, *les phénomènes géologiques n'étant pas soumis à des causes régulièrement constantes, ces phénomènes peuvent, dans des temps égaux, varier d'intensité dans des proportions considérables.*

Quoi qu'il en soit, un grand nombre de géologues très-sincères admettent sans difficulté, en présence des phénomènes qui se sont accomplis à la surface du globe, depuis que l'homme y a laissé ses traces, qu'il y a lieu d'étendre notablement le vieux cadre chronologique. Quand, en effet, on a présents à l'esprit les changements énormes survenus dans la topographie des vallées, les accumulations de matériaux produites sur certains points, toute cette longue période glaciaire et diluvienne dont on retrouve les traces partout, la transformation de la faune et de la flore européennes, quand on compare ces effets immenses aux modifications à peu près insignifiantes survenues depuis les temps historiques, on est saisi d'étonne-

ment, et sans remonter plus haut que l'homme quaternaire on comprend, si l'on est géologue, la difficulté de renfermer tout cela dans
une période de cinq à six mille ans. La géologie n'est pas seule aux
prises avec cette difficulté chronologique. Toutes les sciences signalent la disproportion qui existe entre l'ampleur des phénomènes,
objets de leurs investigations, et la brièveté du temps supposé pour
leur accomplissement.

L'astronomie essaye des calculs sur l'évolution des climats à
la surface du globe, qui ne sont point en désaccord avec ceux des
géologues ; les philologues réclament du temps, et beaucoup de
temps, pour expliquer la genèse des langues humaines; les naturalistes invoquent l'action des siècles pour rendre compte des variations des races humaines ou animales, en démontrant que depuis les
temps historiques elles n'ont pas notablement changé ; la chronologie égyptienne de Manéthon, si longtemps tenue en suspicion, prend
tous les jours plus d'autorité à mesure que l'étude des monuments
s'achève et se complète. Il est impossible de ne pas tenir compte de
ces coïncidences, et le hasard seul ne peut pas faire que par suite
d'une erreur commune, des sciences tout à fait étrangères à la géologie, arrivent par des voies absolument distinctes à des résultats
analogues.

L'opposition que l'on fait à l'extension de la chronologie a pour
origine un scrupule très-respectable assurément, mais qui nous paraît mal justifié, et que nous allons examiner. A une époque où la
science n'avait pas encore à se prononcer sur cette question, la chronologie biblique avait tous les caractères d'autorité suffisants pour
être acceptée sans contestation à défaut d'autre. Au temps où nous
sommes, la situation est changée. En face des doutes de la science,
il y a lieu d'examiner la valeur de la chronologie ancienne ; et si nous
nous enquiérons de l'opinion des théologiens les plus autorisés, ils
nous répondent tous qu'il n'y a pas à proprement parler de chronologie biblique, mais des systèmes fort différents les uns des autres, et
sans aucun caractère dogmatique, ce qui nous met fort à l'aise pour
la discussion. « S'arrêter à de pareilles questions, écrivait saint Jé-
rôme[1], à propos des recherches des chronologistes relatives aux
faits bibliques, c'est moins le propre d'un homme studieux que d'un
oisif. » Saint Augustin se prononce dans le même sens, en parlant
de la négligence avec laquelle les dates sont écrites quand elles
n'éveillent pas l'attention sur une vérité d'une utilité évidente[2]. Le
P. Pétau avoue qu'on ne peut connaître que par conjectures les an-

---

[1] Hieron. Epist. ad Vitalem.
[2] August. *De civitate Dei*, lib. XV, cap. XIII.

nées qui se sont écoulées depuis le commencement du monde jusqu'à l'ère chrétienne, parce que l'Écriture, qui est le seul endroit d'où l'on puisse tirer cette connaissance ne marque pas exactement le temps.

LA BIBLE EST DONC HORS DE CAUSE. Elle demeure inattaquée et inattaquable quoi qu'on veuille tenter pour l'attirer sur le terrain de la controverse. M. l'abbé Lambert a récemment développé ces idées dans un excellent livre où il est beaucoup question des temps préhistorisques à propos du déluge mosaïque [1]. Le savant théologien montre que la Bible, n'étant point destinée à nous fournir un enseignement scientifique, mais seulement à établir parmi les hommes les bases du dogme et de la morale, il reste dans le récit inspiré de Moïse un grand nombre de points obscurs que la science est légitimement en droit d'éclaircir sans crainte de se heurter à des contradictions entre la voix de la nature et la voix de Dieu qui sont même chose. « Moïse, dit M. l'abbé Lambert, n'a pas voulu établir une chronologie exacte et méthodique des faits. Ce sont les hommes qui, supputant mathématiquement les générations énumérées par l'auteur sacré, ont supposé que le nombre de ces générations était exact, qu'il n'y en avait aucune d'omise et qui, ainsi, sont arrivés à établir une table systématique de chronologie accueillie et adoptée par tous leurs successeurs... Si donc Moïse n'a pas été l'auteur du tableau chronologique, ce système, œuvre des hommes, n'est pas de foi ; rien ne nous oblige à incliner notre croyance, et on peut même, sans témérité, le considérer comme erronné. Admettons comme de foi ce qui est de foi, et ne faisons pas à notre gré, par un mélange téméraire, une confusion imprudente des choses divines et des choses humaines, au gré de notre vanité. »

Il ne m'appartient pas d'intervenir dans une question de cette nature. J'ai cru simplement devoir citer ces paroles autorisées pour répondre à certains scrupules et montrer que pas plus sur la question chronologique que sur la question archéologique, il ne peut y avoir conflit entre la science préhistorique, la Bible et la théologie catholique. Assurément les œuvres humaines elles-mêmes ont droit à notre respect quand elles ont reçu la consécration du temps et l'adhésion de générations nombreuses, et ce n'est pas sans des raisons très-graves qu'il faut y toucher. Or je crois, avec beaucoup d'érudits plus compétents que moi, qu'en ce qui concerne cette question de chronologie, les raisons les plus graves existent pour autoriser la science à éprouver la solidité du vieil édifice. D'ailleurs,

---

[1] *Le déluge mosaïque*, par M. l'abbé Lambert, docteur en théologie, p. 466-68.

quoi qu'on fasse ou qu'on dise, l'enquête est ouverte et la question
posée. Il serait maintenant aussi téméraire de l'éluder que de la résoudre prématurément, si tant est qu'elle puisse être jamais résolue
d'une façon satisfaisante.

IV

Nous pourrions nous en tenir là et laisser au lecteur le soin de
tirer de notre exposé les déductions qu'il croirait bonnes, pour
ou contre les théories écloses à l'occasion des découvertes dont
nous avons parlé. Mais il existe encore une telle confusion dans les
esprits au sujet de toutes ces questions, qu'on voudra bien nous permettre de reprendre à cet autre point de vue le sujet qui nous occupe. Ce sera la contre-épreuve de notre premier travail, et nous
chercherons à montrer qu'en dehors des faits, toutes les théories ne
conduisent qu'à une hypothèse indémontrable ou bien à l'inconnu
pur et simple, ce qui équivaut à leur condamnation.

La doctrine transformiste a fourni le point de départ de tous les
systèmes que nous allons examiner. On sait en quoi consiste cette
doctrine, et plus d'une fois déjà *le Correspondant* en a entretenu ses
lecteurs. Je n'ai donc pas à en parler longuement.

Lorsque Darwin écrivit son premier livre, *de l'Origine des espèces*,
il fut pris de scrupules ; c'est lui-même qui nous l'apprend. Dans la
libre Angleterre on respecte l'opinion publique. Il s'abstint donc de
développer complétement son idée, et restreignit l'application de son
principe aux espèces animales, espérant, qu'en se maintenant sur un
terrain purement scientifique, il éviterait à son système l'épreuve
d'une discussion philosophique. Mais ses tendances étaient trop appa-
rentes pour qu'on ne cherchât pas à les démasquer. Et cependant, à
part cette question de tendance, le transformisme tel que Darwin le
présentait, c'est-à-dire comme hypothèse scientifique, pouvait aisé-
ment se dérober à la discussion et s'adapter à toutes les idées. Rien
n'empêchait, en effet, d'en faire, comme cela est arrivé, une thèse
matérialiste, en supposant que l'évolution des espèces s'était produite
sous le seul empire des forces inconscientes de la nature. D'un autre
côté, les partisans des idées spiritualistes pouvaient se l'approprier
aussi, en faisant remarquer que création et transformisme ne sont
pas des termes nécessairement contradictoires. Car en admettant
l'intervention divine et l'acte créateur à l'origine des choses, le
transformisme, appliqué seulement aux espèces animales et laissant à l'homme sa place à part dans l'univers, n'est plus qu'une

explication hypothétique des voies mystérieuses par lesquelles Dieu
réalisa le plan de la nature.

La Genèse, très-explicite sur ce point, laisse place aux interprétations des savants On observe même que l'ordre dans lequel Moïse
fait connaître la création des plantes et des animaux est conforme
aux conclusions des transformistes sur la progression et le développement des êtres. Rien n'empêche donc d'admettre que Dieu ait
livré les espèces, après en avoir créé les prototypes, à des lois d'é-
volution et de transformation. Aussi bien Reusch, dans ses Leçons
sur l'histoire biblique de la création, déclare-t-il que ce système ne
lui paraît pas opposé au récit de Moïse ; et le savant professeur de
théologie de Bonn ajoute, pour conclure, qu'il pense Darwin autorisé à écrire dans sa préface : « Je ne puis pas croire que les opi-
nions exposées dans ce volume blessent les idées de qui que ce
soit. »

Maintenue sous cette forme neutre et exclusivement scientifique,
l'idée transformiste aurait rendu des services. Malgré l'abus qu'on
en a fait, on ne peut nier qu'elle n'ait eu sur le progrès des sciences
naturelles, et des classifications en particulier, une très-heureuse
influence, en appelant l'attention des savants sur un grand nombre
de points de détail restés jusque-là ignorés ou peu connus. Si l'on
avait intérêt à la réhabiliter, il ne serait pas difficile de la dégager
de la compromettante solidarité que lui a imposée le matérialisme
contemporain en l'adoptant comme sa nouvelle arme de combat.
Mais je m'empresse d'ajouter, pour achever ma pensée, que le
transformisme n'a d'autre valeur que celle d'une hypothèse dont la
démonstration expérimentale n'est pas faite et ne se fera probablement jamais.

Les hommes à systèmes sont généralement peu scrupuleux. Quand
une hypothèse leur convient et s'accommode à leurs idées, ils sont
prompts à la considérer comme démontrée. C'est ce qui est arrivé
pour le transformisme. Les partisans du matérialisme, à l'affût de
toutes les occasions pour rajeunir leur doctrine, proclamèrent hau-
tement, dans tous leurs livres, que l'idée de Darwin avait la valeur
d'un fait prouvé, et que, seule, elle répondait bien à l'état de la
science et de la philosophie contemporaines. Cette affirmation ne
peut subsister qu'à la condition de fermer l'oreille aux protesta-
tions que font entendre de tous les côtés les savants spéciaux, versés
dans l'étude des êtres vivants et fossiles, lesquels reconnaissant
d'ailleurs ce qu'il y a d'ingénieux et de séduisant dans l'hypothèse
transformiste, ne craignent pas de déclarer que pas un fait ne milite
en sa faveur. Mais on n'y regarde pas de si près quand on lutte pour
une idée préconçue.

M. Darwin fut entraîné dans ce mouvement. Ses tendances étaient trop bien connues pour qu'il pût garder le silence plus long-temps, et il sortit bruyamment de la neutralité en publiant son dernier livre, *la Descendance de l'homme*, dont nous parlerons longuement tout à l'heure. Il y fait l'application du principe d'évolution à l'homme lui-même, et, sans se préoccuper davantage de la tradition, il rattache l'humanité au règne animal, dont elle n'est plus que le suprême épanouissement. Désormais matérialisme et darwinisme sont synonymes l'un de l'autre, et Reusch ne serait plus autorisé à écrire, sans des réserves importantes, les paroles que nous rapportions plus haut. Si le principe transformiste peut, dans une certaine mesure, conserver le bénéfice de la neutralité, en tant qu'hypothèse scientifique, la doctrine de Darwin, telle qu'elle vient d'être formulée, est absolument inconciliable avec ce que l'on doit croire comme chrétien, ou admettre comme naturaliste.

C'est un phénomène psychologique très-curieux que la facilité avec laquelle certains esprits, même éclairés, acceptent pour vraies les choses les plus douteuses ou les plus suspectes. Cette tendance à la crédulité scientifique, cette superstition philosophique, si je puis m'exprimer ainsi, est une des maladies morales particulières à notre époque. Jamais les lois de la raison n'ont été plus étrangement méconnues. De tout temps on a vu des erreurs s'accréditer dans les hautes sphères de la pensée humaine; mais elles s'appuyaient au moins sur un appareil trompeur de déductions logiques, au milieu desquelles il était souvent difficile de découvrir le sophisme. Aujourd'hui, on ne raisonne plus, et, chose bizarre! ceux qui se déclarent les ennemis les plus acharnés du dogmatisme et de la foi, sont les plus prompts aussi à accepter les faits sans contrôle et sur une simple affirmation, comme cela est arrivé pour le transformisme. N'est-ce point le résultat de l'abaissement du niveau des études philosophiques dans la société contemporaine, où toutes les facultés de l'esprit sont tendues avec exagération vers le développement des sciences industrielles?

Cet abus a inspiré au célèbre philologue anglais, Max Müller, des réflexions très-justes et très-bonnes à méditer. « Quelle excellente chose, dit-il en commençant une étude sur un livre de Spiegel, si nos érudits pouvaient avoir quelque pratique de nos cours de justice, et apprendre au moins la différence entre ce qui est probable et ce qui est prouvé! Combien ce serait une utile discipline pour leur esprit s'ils étaient obligés parfois de plaider une cause devant un jury composé de commerçants et de gens du monde! s'il leur fallait acquérir cet art qui permet d'exposer les questions les plus compliquées et les plus délicates sous la forme la plus simple et la plus palpable ! De même, quelle salutaire préoccupation pour les hommes voués aux recherches indépendantes, si, après avoir réuni dans un volumineux dossier toute une masse de documents et de faits, ils avaient constamment devant eux la crainte d'un juge impatient qui ne veut entendre que des choses importantes, essentielles, se rapportant au fond même du débat, et qui déteste toutes les digressions, sans s'inquiéter des recherches qu'elles supposent, ni de l'éloquence qu'y déploie l'avocat [1] ! » Ces paroles semblent écrites tout exprès pour les propagateurs du matérialisme moderne, si habiles à dissimuler, sous le charme d'une érudition séduisante, la pauvreté de léur logique et de leurs arguments. Et si nous insistons aussi longuement sur cette question de méthode, c'est que de ce côté le danger est sérieux. La science de mauvais aloi gagne tous les jours du terrain, à la faveur d'une certaine littérature vulgarisatrice et populaire, qui, s'adressant à la curiosité malsaine, sème dans les esprits, comme autant de vérités nouvelles, les idées les plus fausses et les élucubrations les plus audacieuses.

Nous avons sous les yeux le livre d'un vulgarisateur allemand bien connu, Büchner, traitant précisément de la question qui nous occupe, sous ce titre alléchant : *l'Homme selon la science.* Il est impossible de proclamer avec plus de témérité l'idée matérialiste : Büchner ne discute pas, il affirme, en faisant de la science sa complice. On ne saurait douter que ce procédé ne réussit auprès de beaucoup d'esprits superficiels, incapables de contrôler des affirmations présentées sous le couvert d'une très-réelle érudition. Il y a là quelque chose comme un abus de confiance.

« Qui eût pensé, qui eût même soupçonné, il y a moins de dix ans, s'écrie notre Allemand, que dans un si court espace de temps, par le progrès du savoir et de l'induction scientifique, une lumière si éclatante, si irréfragable, serait projetée sur ce mystère des mystères, sur le plus antique passé et la première origine de l'homme[2] ? » Puis il ajoute que, parmi tous les progrès de l'esprit humain, la découverte de l'origine naturelle, c'est-à-dire animale, de l'homme, la démonstration de sa place réelle dans l'univers, se rangent à côté, sinon au-dessus des plus grandes découvertes de tous les temps ; qu'une seule enfin peut rivaliser avec celle-là : la découverte du mouvement de la terre autour du soleil, l'édification du système de Copernic. Sa conclusion est que ce sera le point de départ d'une révolution complète dans toutes les conceptions de l'homme.

Cet enthousiasme emphatique est-il justifié? le matérialisme a-t-il

---

[1] Max Müller, *Essais sur l'histoire des religions,* trad. G. Harris, p. 202.
[2] *L'Homme selon la science.* — D'où venons-nous? Page 10.

le droit de se dire triomphant? Ceux de nos lecteurs qui ont bien
voulu suivre l'exposé des faits tel qu'il était résumé dans un article
antérieur, ont pu déjà tirer la conclusion, et répondre à cette inter-
rogation en pleine connaissance de cause. Nous allons toutefois y
revenir, moins pour chercher des preuves nouvelles en faveur d'une
certitude acquise, que pour déterminer, s'il est possible, dans
l'argumentation de nos adversaires, le point faible par où l'édifice s'écroule pour qui ne se paye pas de mots.

V

Si le problème de l'origine des espèces animales n'est point tran-
ché dogmatiquement et laisse place aux interprétations de la
science, il n'en est point de même de l'origine de l'homme. L'enseignement biblique est formel sur ce point.

Dieu a créé l'homme du limon de la terre, auquel il a donné la
vie en l'animant d'un souffle immatériel qui est l'âme, si étroitement unie au corps qu'il en est la forme, suivant la définition de
l'Église. Sans doute, par le limon qui fut le principe de ses organes
matériels, l'homme se trouve rattaché originairement à la nature
préexistante; mais il n'est pas moins vrai qu'il fut l'objet d'une
création spéciale, qu'il est un être nouveau, le dernier venu et le
dernier terme de la création, constitué sur un plan qui lui est exclusivement propre : double dans sa nature, un dans ses fins, appelé
à des destinées que nul autre être que lui ne partage. En résumé,
sa place dans la nature n'appartient qu'à lui, et il ne peut être comparé qu'à lui-même.

Considéré simplement dans ses organes, il rentre incontestablement dans le plan général des êtres, et cela n'est point étonnant.
Appelé à vivre dans un certain milieu physique, il fallait nécessairement que son organisme et ses fonctions fussent adaptés à ce milieu. Les lois naturelles ne sont point fortuites; elles ne peuvent et
ne doivent être qu'éminemment logiques. L'être humain a sa place
logique dans la création.

Si l'on supprime la notion d'un acte créateur intelligent, cette
place logique de l'homme dans la nature est inexplicable, à moins
qu'on ne la considère comme le résultat nécessaire, mathématique,
des forces qui auraient modelé à travers le temps et l'espace tous les
organismes vivants.

C'est à cette conséquence que s'est trouvée amenée la philosophie

matérialiste de tous les temps. L'idée transformiste est vieille comme
le monde.

La théorie de Darwin arriva fort à point pour rajeunir le matérialisme contemporain et lui rendre la vie qui s'éteignait en lui faute
d'une base solide. Cette restauration est fragile ; mais il suffit qu'elle
se présente avec des apparences scientifiques, pour faire brillamment
son chemin au temps où nous sommes.

Si l'homme est un effet, un produit de toutes pièces des forces
vives de la nature, il procède par voie de génération d'ancêtres plus
ou moins semblables à lui ; et le principe de la transformation des
espèces comblant tous les abîmes, il n'y a nulle difficulté à admettre
qu'il soit issu d'un des rameaux les mieux développés du règne animal, du singe, par exemple. Lamarck avait timidement avancé cette
idée il y a soixante ans, et Büchner vient de nouveau la proclamer
aujourd'hui comme la plus grande découverte des temps modernes.
Depuis Lamarck, cette idée avait sommeillé, faute de trouver un terrain bien préparé où elle pût germer. Mais elle a rencontré enfin
dans le matérialisme de la nouvelle école le milieu qui lui convient.
Dès l'année 1851, Hermann Schaafhausen affirmait au congrès des
naturalistes allemands, à Altona, l'origine simienne de l'homme.
Wallace, Huxley, Vogt, Ernest Häckel, exploitèrent après lui la pré-
cieuse trouvaille et la développèrent. Ils se mirent à l'œuvre et dres-
sèrent la généalogie de l'homme. Mais, dominés par des préoccupations philosophiques et antichrétiennes qui éclatent à chaque page
dans leurs livres, ils se contentèrent de preuves suspectes que les
vieux hérauts d'armes et les généalogistes du temps passé eussent
impitoyablement rejetées. Je crois, en vérité, que s'il avait fallu
prouver sa descendance du singe pour monter dans les carrosses
du roi et que MM. Vogt, Huxley et Darwin eussent été candidats,
ils auraient couru grand risque de se voir refuser cet honneur par
Chérin ou d'Hozier. Il est certain que la recherche de la vérité
scientifique ne vient qu'en seconde ligne dans ce débat. On sent
à chaque pas qu'on est placé sur le terrain de la controverse philosophique ou religieuse ; que le singe n'est, en toute cette affaire, que le porte-drapeau du matérialisme ; que la lutte n'est
point engagée entre des naturalistes discutant des faits d'observation, mais entre des raisonneurs passionnés par des considérations
d'un tout autre ordre. Écoutez les cris qui retentissent à travers la
mêlée. « Il vaut mieux, disait C. Vogt, en terminant une de ses leçons sur l'Homme, être un singe perfectionné qu'un Adam dégé-
néré ! » — « Je préférerais, s'écriait Huxley, en répondant à une in-
terpellation du lord-évêque d'Oxford sur le darwinisme, si j'avais à
choisir, être le fils d'un singe plutôt que d'un homme dont le savoir

et l'éloquence sont employés à railler ceux qui usent leur vie dans la recherche de la vérité ! »

C'est là une affaire de goût et d'appréciation, mais ce n'est assurément point un argument sérieux. Il fallut produire des preuves plus solides, et l'on pensa que les découvertes récentes des archéologues pourraient répondre à ce désidératum.

Un débat passionné s'ouvrit à l'occasion des fameux crânes d'Engis et de Néanderthal, dont nous avons déjà parlé. Le premier, retrouvé par Schmerling dans une caverne de la Belgique, fait partie des collections du Muséum d'histoire naturelle de Paris. Il suffit de dire à quel point les anthropologistes diffèrent d'appréciations à son endroit, pour prouver combien il est difficile de l'accepter comme un document décisif. Tandis que C. Vogt trouve qu'il dénote un degré tout à fait rudimentaire d'intelligence, Huxley affirme au contraire qu'il présente une bonne moyenne, et M. Pruner-Bey, loin de l'assimiler aux crânes défectueux des races mongoloïdes primitives, en fait un crâne celtique féminin. Le crâne de Néanderthal, trouvé en 1857, par le docteur Fuhlrott, près de Hochdale, laisse moins d'indécision quant à ses caractères défectueux. Il présente en effet une saillie extraordinaire des arcades sourcilières et une dépression frontale considérable. Huxley déclara qu'il était le crâne le plus bestial qu'on eût jamais rencontré. Lyell, dans son *Antiquité de l'homme,* le mit en parallèle avec un crâne d'Européen adulte et un crâne de chimpanzé, pour montrer qu'il tenait le milieu entre les deux. Enfin on s'appuya sur le développement des arcades sourcilières pour l'assimiler au crâne du gorille, remarquable par la saillie de sa crête frontale. Tous les partisans de l'origine simienne de l'homme, Schaafhausen en tête, déclaraient que le crâne de Néanderthal était bien réellement un type de race, et non un accident individuel ; qu'il appartenait à l'époque quaternaire la plus ancienne, et qu'à ce titre il devait être considéré comme un spécimen de la race humaine du temps du mammouth. Sa conclusion était qu'on possédait enfin un jalon incontestable entre l'homme et le singe, et une preuve directe de l'origine animale de l'homme par voie d'évolution et de transformisme.

Mais il arriva qu'on produisit, en réponse à cette argumentation, des crânes d'un âge plus récent, et même modernes, qui offraient à peu près la même conformation. M. Busk intervint dans le débat avec un spécimen provenant du Danemark (âge de la pierre polie), et connu sous le nom de crâne de Borreby, dont le type, très-voisin de celui du Néander, a persisté jusque parmi les populations actuelles. M. Gratiolet présenta à la Société d'anthropologie de Paris un crâne d'idiot contemporain, offrant des analogies non moins frappantes avec le document discuté. Enfin M. Pruner-Bey vint montrer, par une suite de déductions anatomiques, que tout rapprochement entre la crête du gorille et les arcs sourciliers du néanderthalois était impossible, attendu que, de part et d'autre, le développement s'était produit dans un sens et dans un but diamétralement opposés. Un moulage intérieur du crâne, où tout accuse un encéphale conformé suivant le type humain, acheva de compléter son argumentation.

Les géologues vinrent ensuite jeter le doute sur l'authenticité de l'âge de ce trop fameux document. Il est réel, en effet, qu'on l'a extrait d'un limon sans fossiles, que rien ne datait, par conséquent, et dont l'origine géologique demeure tout à fait problématique. Que le remplissage de la caverne du Néander fût véritablement quaternaire, cela ne prouverait pas d'ailleurs qu'on dût attribuer le même âge à un squelette enfoui peut-être à une époque relativement moderne, comme cela est arrivé si souvent. L'exploration d'une caverne est une opération des plus délicates, dont les résultats ne doivent être acceptés qu'avec une extrême prudence; et l'expérience acquise depuis quelques années, par suite du développement donné aux travaux de cette nature, a rendu très-suspects des résultats remontant au début des recherches préhistoriques.

Ce qui peut rendre plus douteuse encore l'authenticité du crâne de Neanderthal, c'est que pas un des documents recueillis depuis dans des gisements quaternaires, excepté peut-être la mâchoire de la Naulette (Belgique) et deux ou trois fragments de mandibules analogues, ne présente les mêmes caractères de dégradation[1]. Nous avons dit, dans un précédent article, ce que nous pensions des débris humains recueillis notamment à Cro-Magnon, à Solutré, à Menton, et l'on se rappelle que s'ils sont peu avantageux, comparés aux races supérieures, ils méritent cependant de figurer avec honneur à côté des types des sauvages modernes Australiens ou Hottentots.

Il faut donc renoncer à trouver dans les documents recueillis jusqu'à aujourd'hui par les géologues, des preuves matérielles de notre origine simienne. Il est vrai que les partisans de cette idée ne se tiennent pas pour battus; ils persistent plus que jamais à donner dans leurs publications une place d'honneur aux rares spécimens dont nous venons de parler, passant volontairement sous silence des documents recueillis depuis en assez grand nombre, mais qui ont le

---

[1] Il paraîtrait que de nouveaux types, voisins de celui de Néanderthal, ont été retrouvés récemment en Allemagne. Mais on nous permettra de garder la plus grande réserve jusqu'à plus ample informé.

tort de ne point cadrer avec leur système. Si d'ailleurs on leur fait remarquer la pauvreté de leurs archives généalogiques, ils se retranchent derrière les causes de destruction sans nombre qui ont fait disparaître les dépouilles des êtres appartenant aux époques paléontologiques. C'est la réponse ordinaire des transformistes quand on leur demande des preuves directes et matérielles de leur système. Des preuves? vous disent-ils ; mais vous ne songez donc pas que si quelques débris d'os ou de squelettes sont arrivés jusqu'à nous, cela tient à un concours de circonstances favorables ou vraiment merveilleuses qui ne doit se produire que très-rarement dans la nature : n'exigez pas de nous l'impossible! Et puis qu'est-ce que l'espace exploré comparativement à ce qui nous reste à connnaître? Et ils persistent dans leur affirmation douteuse, soutenus par l'espoir de voir surgir d'un jour à l'autre, sous un coup de pioche heureux, quelque document décisif.

Soit! mais on nous permettra, en attendant, de constater que le partage des hommes compétents sur ce sujet ne serait point fait, à défaut d'autres preuves, pour entraîner une conviction suffisante.

VI

Quoi qu'il en soit, ce terrain paraissant peu favorable à la lutte, on alla chercher d'autres arguments dans l'étude anatomique comparée de l'homme et des singes; mais là encore on rencontra un chemin peu sûr.

Écoutez cet aveu d'Huxley, dans la préface de son livre, *la Place de l'homme dans la nature* : « Il m'arriva un jour, dit le savant professeur, de séjourner durant de nombreuses heures, seul, et non sans anxiété, au sommet des Grands-Mulets. Quand je regardais à mes pieds le village de Chamounix, il me semblait qu'il gisait au fond d'un prodigieux abîme ou gouffre. Au point de vue pratique, le gouffre était immense ; car je ne connaissais pas le chemin de la descente, et si j'avais tenté de le retrouver seul, je me serais infailliblement perdu dans les crevasses du glacier des Bossons. Néanmoins, je savais parfaitement que le gouffre qui me séparait de Chamounix, quoique dans la pratique infini, avait été traversé des centaines de fois par ceux qui connaissaient le chemin et possédaient des secours spéciaux.

« Le sentiment que j'éprouvais alors me revient quand je considère côte à côte un homme et un singe. Qu'il y ait ou qu'il y ait eu une route de l'un à l'autre, j'en suis sûr ; mais maintenant la distance entre les deux est tout à fait celle d'un abîme, et, pour mon compte, j'aime mieux reconnaître ce fait, aussi bien que l'ignorance où je suis du sentier, plutôt que de me laisser choir dans une des crevasses creusées aux pieds de ces chercheurs qui ne veulent pas attendre la direction d'une science plus avancée que celle du temps présent. »

C'est le langage que tiennent tous les transformistes. Entre les espèces, à plus forte raison entre les familles ou les genres, la distance est si grande et les intermédiaires ont si bien disparu par suite d'une infinité de causes diverses, que le passage est impossible à trouver; mais il existe, ne se lassent-ils pas de répéter. Or, je le demande, que doit-on penser de la valeur logique d'une démonstration soi-disant scientifique qui se présente sous la forme d'une simple affirmation sans preuves ?

Sortons des nébulosités et arrivons à des choses plus réelles et plus sûres.

La Société d'anthropologie de Paris plaça la question sur son véritable terrain, en mettant à l'étude l'anatomie comparée de l'homme et du singe considérés au seul point de vue de la classification, et abstraction faite de toute préoccupation de système. Qu'on veuille bien nous permettre de résumer ces intéressants débats. Nous sommes là sur un terrain solide et nous pouvons nous y arrêter.

La discussion fut soulevée par M. Pruner-bey, à la suite de cette proposition de M. Dally : L'homme est plus voisin des singes anthropomorphes que ceux-ci ne le sont des autres simiens. MM. Magitot, Alix et Broca ouvrirent le débat, en étudiant successivement l'homme et le singe, au point de vue de la denture, du squelette et de l'organisme. L'examen fut long, minutieux. M. Alix, après une profession de foi anti-darwinienne et une savante étude de détails, termina en concluant que les anthropoïdes sont plus près des autres singes que de l'homme; mais qu'il est impossible de ne pas faire rentrer l'homme dans l'ordre des primates. Sur cette déclaration, M. Broca, l'adversaire de M. Alix dans la discussion, et qui s'était attaché surtout à faire ressortir, avec le talent brillant qu'on lui connaît, les analogies de l'homme et des anthropomorphes plutôt que leurs différences, s'avoua agréablement surpris d'entendre celui qu'il croyait être son adversaire arriver aux mêmes conclusions que lui. Le résultat de la discussion pouvait se formuler ainsi : L'homme et les singes doivent être classés dans l'ordre des primates, mais il y a entre eux des différences plus grandes que celles qui séparent les espèces et les familles.

Les singes perdaient du terrain, mais on ne devait pas en rester là. Ces conclusions provoquèrent une réplique de la part de M. de

Quatrefages, et le savant professeur rappela sommairement les considérations qui l'avaient amené à établir un règne humain. Faire des hommes une famille en histoire naturelle, dit-il, c'est trop ou pas assez. Sous le rapport anatomique et physiologique, c'est beaucoup ; mais si l'on considère l'homme tout entier, dans son intelligence et dans ses œuvres, on trouve encore autre chose qui nous éloigne considérablement des singes[1].

C'est alors que le docteur Pruner-bey, par qui le débat avait été soulevé, vint à la rescousse et prit la parole pour formuler ses conclusions avec une connaissance profonde des détails et un sens philosophique élevé, deux qualités qu'on trouve rarement ensemble.

Suivons-le rapidement dans ses déductions.

« Il ne suffit pas, dit-il, de mettre en relief les ressemblances qui existent entre l'homme et les singes. Ces ressemblances sont telles que personne ne les nie. Il est certain, par exemple, que les yeux fermés, la simple lecture du catalogue ostéologique, où tous les os se correspondent, sauf deux, pourrait nous disposer à ranger l'homme dans l'ordre des primates ; mais en ouvrant les yeux à la réalité vivante, on change d'avis. Ce sont alors les différences qui frappent l'esprit : différences dans l'attitude, dans les gestes, dans la physionomie et d'autres caractères plus concluants encore. Le singe est couvert d'un vêtement de poils qui manque à l'homme ; caractère anatomique dont le résultat fonctionnel est immense puisqu'il force l'homme à suppléer par son industrie à ce que la nature lui refuse. Le singe a une canine qui lui sert d'arme. L'homme en est dépourvu et a dû obvier à ce défaut par l'invention d'armes perfectionnées. Enfin, tandis que tout dans l'ossature du singe est disposé pour en faire un quadrupède et un grimpeur, tout dans l'homme révèle, au contraire, un bigrade et un marcheur. Le système musculaire offre les mêmes contrastes, et Gratiolet a démontré qu'au point de vue de la circulation, l'homme, comparé au singe, est un être artériel. Chez quelques singes, le gorille et le chimpanzé, par exemple, l'état des viscères révèle un animal herbivore caractérisé au grand complet. L'étude des crânes est tout aussi concluante. Tous les simiens présentent un faciès analogue et également distinct de celui de l'homme. En contraste avec le crâne humain, tout est calculé dans le calvarium simien pour diminuer sa cavité. Tout est disposé dans la face du singe pour l'agrandir. Chez ce dernier, le crâne est un simple appendice de la face ; chez l'homme, c'est l'opposé. Le contenu est en rapport avec l'enveloppe. Si chez l'homme

---

[1] Voir les procès-verbaux de la Société d'anthropologie, dans *Matériaux pour l'histoire primitive et naturelle de l'homme*, séances de mars à juillet 1869.

le lobe frontal l'emporte sur l'occipital, c'est l'ordre inverse qui se dessine sur le singe, comme l'enseigne l'atlas de Gratiolet. L'étude de la face offre des contrastes analogues. Le système dentaire du singe révèle un herbivore armé pour sa défense. L'homme est omnivore et ne trouve d'armes que dans son industrie. L'homme n'a pas d'os intermaxillaire; chez le quadrumane la persistance de l'intermaxillaire existe.

« En somme, chez l'homme et le singe, tout est renversé; toutes les différences tiennent à un ordre de développement inverse, à une modalité distincte jusque dans les moindres détails, tandis que les différences anatomiques de singe à singe sont graduelles et convergent vers un même type. Au point de vue intellectuel et moral, c'est bien autre chose encore. L'homme, dès lors qu'on aborde ce terrain, ne peut plus être comparé qu'à lui-même.

« Appelons, si nous voulons, dit en terminant l'éminent anthropologiste, l'homme et le singe des vertébrés, des mammifères; mais toutes les fois que nous effleurons chez l'homme la grande question du résultat fonctionnel, qui ressort de la conformation anatomique, est-ce le terme de famille, d'ordre, de sous-classe, et enfin de classe, qui exprimerait au juste l'équivalent de la divergence? Assurément non; à ce point de vue, l'homme ne constitue pas un règne, un empire; il représente un monde à part[1] ! »

Ces considérations remarquables apportent un élément nouveau dans la question. Si l'homme et le singe ont subi les effets d'une loi inverse de développement, il est inadmissible qu'ils puissent dériver l'un de l'autre. Leurs deux trajectoires divergent, au lieu de se confondre. M. de Quatrefages, s'appuyant sur la doctrine transformiste elle-même, a démontré que « la loi de caractérisation permanente, conséquence nécessaire de la sélection, ne permet pas aux descendants d'un être à type caractérisé de se mêler aux représentants d'un autre type. Quoique admettant des modifications secondaires, cette loi ne laisse jamais s'effacer l'empreinte originelle[2]. » En d'autres termes, l'homme possède l'organisme d'un marcheur; les singes, celui d'un grimpeur ou d'un sauteur, et ces derniers n'ont pas pu, par conséquent, engendrer par voie d'évolution l'organisme humain. Telle est la conséquence nécessaire de la doctrine transformiste logiquement appliquée. Elle nous montre les familles animales se séparant les unes des autres, et se ramifiant comme les branches d'un arbre, sans qu'elles puissent jamais se confondre une fois que la séparation s'est produite. Chacune d'elles opère son dé-

---

[1] *Bulletin de la Société d'anthropologie*, séance du 18 nov. 1869, t. IV, IIe série.
[2] De Quatrefages, *Charles Darwin et ses précurseurs français.*

veloppement dans le sens déterminé et caractéristique qui lui est
propre. L'homme et le singe peuvent avoir un ancêtre commun ;
mais, étant admis le principe de caractérisation, ils ne procèdent
pas l'un de l'autre : ce sont deux rameaux divergents du même
tronc.

Ce fut, assurément, une chose curieuse de voir les darwinistes,
combattus avec leurs propres armes sur cette question de l'origine
de l'homme, et d'entendre un anti-darwiniste déclaré, M. de Qua-
fages, interpréter leur propre doctrine dans un sens favorable à ses
idées.

Il se produisit, sur ce point, un schisme parmi les partisans du
transformisme, et la théorie de l'ancêtre commun fut opposée à
celle de l'origine simienne.

Dans sa leçon sur l'homme et les singes, Filippi, qui avait adhéré
d'abord à la doctrine de l'origine simienne, changea de thème, et
déclara que les singes représentaient la branche cadette, et nous la
branche aînée de l'arbre généalogique commun. Vogt, que nous
avons vu précédemment invoquer le singe pour le père de l'humanité, devint hésitant dans ses conclusions, et se livra à des affirmations contradictoires, qu'il n'est pas sans intérêt de relever en
passant. Dans son savant *Mémoire sur les microcéphales, ou hommes-
singes*, il reconnaît que les singes inférieurs ont dépassé dans un
sens déterminé le jalon d'où sont sortis les différents types de cette
famille ; que, malgré la quantité de formes intermédiaires qu'on
pourra retrouver entre les singes vivants, on n'aura pas pour cela
une solution de fait du problème que nous pose la genèse du genre
humain. « Encore, ajoute-t-il, pouvons-nous trouver des types fossiles qui se rapprochent de l'homme plus que de nos singes anthropomorphes, tels que le driopithèque, décrit et figuré par
M. Lartet ; il n'est pas dit pour cela que nous ayons sous les yeux
un des jalons historiques du développement humain. » En effet, à
propos de la pluralité des espèces humaines, dont il est un ardent
partisan, M. Vogt écrit ailleurs que « les races humaines sont des
séries multiples et parallèles, qui, dans des localités plus ou moins
bien circonscrites, ont pu se développer parallèlement aux séries
simiennes. » C'est à peine si l'idée de l'ancêtre commun subsiste
dans cette affirmation qui, dans tous les cas, le rejette fort loin dans
le passé.

Après des déclarations aussi nettes, comment se fait-il que
M. Vogt donne à ses microcéphales le nom d'hommes-singes, ce qui
suppose positivement une origine simienne, surtout si l'on remarque qu'il considère la microcéphalie comme la reproduction par
atavisme d'une forme normale chez quelqu'un de nos vieux ancê-

tres? Sans insister davantage sur cette contradiction bien réelle, je rappellerai, à propos de l'opinion de M. Vogt, celle de Gratiolet, qui considérait le cerveau des microcéphales, comme un cerveau humain simplifié (μικρός, petit; κεφαλή, tête), mais dans lequel le plan initial, inverse de celui qui caractérise le cerveau simien, n'est pas modifié. Enregistrons cette preuve de plus à l'appui des idées de M. Pruner-bey, et revenons à M. Vogt.

Au milieu des contradictions que nous signalons, il est difficile de saisir exactement sa pensée. On sent qu'il abandonnera avec peine l'idée que l'homme est un singe perfectionné, mais il la mitige, il l'enveloppe d'obscurités et de doutes. « Le rapprochement entre l'homme et le singe, disait-il, au congrès des naturalistes allemands, à Innsbruck, en 1869, n'est pas égal pour tous les organes. Une race se rapprochera davantage du singe par la conformité de ses membres, une autre par celle du crâne, etc..., mais tous les caractères d'infériorité que nous pouvons constater ne sont que le reflet des caractères de nos *cousins*. » Il y a certainement lutte dans l'esprit du savant professeur entre ses idées philosophiques et les enseignements de la science. Le singe, comme nous le disions plus haut, est le porte-drapeau naturel du matérialisme, dont M. Vogt s'est fait le champion. L'homme-singe est l'incarnation déjà populaire résumant et symbolisant toute une doctrine. Le supprimer, pour lui substituer la notion vague de l'être indéterminé qui, suivant le principe de caractérisation, serait l'ancêtre commun de l'homme et du singe, exposerait toute la doctrine de l'origine animale de l'homme à un échec grave. M. Vogt l'a sans doute pressenti. « En repoussant l'origine de l'homme au delà des singes, dit M. de Quatrefages, à qui nous empruntons une partie des détails qui précèdent, en reconnaissant qu'aucun jalon entre ce point de départ indéterminé et l'état actuel n'a encore été découvert, le célèbre professeur de Genève se place en plein inconnu [1]. »

Personne ne contestera la légitimité de cette conclusion. Le transformisme, logiquement déduit, aboutit à l'inconnu. Il a posé sous une forme scientifique nouvelle le problème de l'origine de l'homme; il en a précisé les termes. Il a appelé l'attention sur un certain nombre de faits intéressants, mais il n'a rien résolu. S'il pouvait rester quelque doute à ce sujet, le livre récent de Darwin : *la Descendance de l'homme et la sélection sexuelle*, qui renferme le dernier mot du maître, lèverait toute incertitude.

---

[1] De Quatrefages, *L'Homme et les théories transformistes*, dans *Matériaux pour l'histoire primitive et naturelle de l'homme*, 1870-71.

VII

Le célèbre naturaliste anglais ne pouvait laisser ses partisans en désarroi, incertains entre la théorie de l'ancêtre commun et celle de l'origine simienne, sans venir lui-même fixer sa doctrine. Les encouragements qui lui arrivaient de tous les côtés triomphèrent de ses hésitations et de ses scrupules. Vogt n'avait-il pas solennellement déclaré, dans son discours présidentiel à l'Institut national génevois (1869), que « personne, en Europe du moins, n'osait plus soutenir la création indépendante et de toute pièce des espèces? » M. Darwin se prévalut de cette affirmation, pour traiter enfin la question de l'origine de l'homme, n'ayant plus à craindre, dit-il, les préventions que ses vues auraient pu soulever il y a quelques années. Son livre contient peu de faits inédits. Il reproduit à peu près tous les arguments exposés par Lyell, Vogt, Huxley, Wallace, et surtout Häckel, en les adaptant à sa théorie, avec cette habileté d'exposition qu'on lui connaît. Ce qui frappe surtout dans ce nouvel ouvrage, c'est la confiance inspirée par le succès. M. Darwin ne discute plus; il expose avec cette simplicité naïve et convaincue qui n'appartient qu'aux grandes choses ou aux pures inepties. L'esprit reste parfois confondu devant ses affirmations, formulées dans un style sibyllin.

Le principe général de la transformation étant réputé démontré, il procède simplement par déductions, et entre en matière, en établissant les homologies et les analogies organiques de l'homme avec les animaux supérieurs soit dans sa conformation corporelle, soit dans son développement embryonnaire. Inutile de dire qu'il a soin de mentionner rapidement ou de supprimer tout à fait ce qui n'est point à l'appui de sa thèse, comme, par exemple, l'évolution discordante du cerveau chez l'homme et le singe, telle que la signale Bischoff; un témoin hostile, a-t-il soin d'ajouter. En revanche, il s'arrête avec complaisance sur la comparaison de l'embryon humain avec celui du chien pour conclure à leur identité, puis il passe en revue d'autres caractères secondaires, ce qu'il appelle les rudiments, par exemple, ou organes devenus inutiles par l'effet de l'évolution et le défaut d'usage. Il nous montre, à ce propos, le singe laissant passer le bout de son oreille pointue dans certaine conformation de l'oreille humaine. N'espérez pas pouvoir renier votre grimaçant aïeul! Il est en vous, et se manifeste par des traits de famille qui n'échappent point à l'impitoyable analyse de M. Darwin. Vous admirez cette petite oreille, élégamment froissée comme une feuille de rose, fine,

coquette, arrondie, transparente à la lumière, méfiez-vous ! Elle a
beau se replier prudemment sur elle-même pour cacher sa honte,
elle ne peut dissimuler la tache héréditaire, une légère saillie
mousse, qui se trouve sur le bord intérieur de l'ourlet ou hélix.
Vous ne vous en doutiez pas, cette petite bosse est une pointe re-
tournée, structure simienne, reparaissant accidentellement dans
l'homme[1]. En vain direz-vous que ce caractère est trop insignifiant
pour mériter l'attention. M. Darwin vous répond que votre objection,
pour être toute naturelle, n'est pas moins sans valeur, attendu qu'il
n'y a point de caractère insignifiant pour qui sait voir. Inclinons-
nous devant l'oracle, mais confessons que sans la foi il est difficile
d'accommoder sa raison à ces mystères-là. Il est vrai que la sélection sexuelle, qui est un des grands principes du transformisme,
explique tant de choses !

On se souvient de l'objection faite par MM. de Quatrefages et Pruner-bey à la théorie de l'origine simienne de l'homme, basée sur ce
que l'homme et les singes accusent un mode inverse de développement, et particulièrement sur ce que l'homme est un marcheur et
le singe un grimpeur, ce qui les différencie radicalement et ne permet pas de les faire dériver l'un de l'autre, en vertu de la loi de
caractérisation divergente. Pour M. Darwin, supprimer cette bar-
rière est la chose du monde la plus simple. On nous permettra de
reproduire ici son raisonnement, comme un exemple du procédé
d'exposition qui lui est familier.

« Aussitôt, dit-il, que quelque ancien membre de la grande série
des primates en sera arrivé, ou par un changement dans le mode de
se procurer sa subsistance ou dans les conditions du pays qu'il ha-
bite, à vivre moins sur les arbres et plus sur le sol, son mode de
progression aura dû se modifier, et, dans ce cas, il sera devenu ou
plus rigoureusement quadrupède ou bipède. L'homme seul est devenu bipède, et nous pouvons, je crois, voir en partie comment il a
acquis son attitude verticale, qui constitue une des différences les
plus marquantes existant entre lui et ses voisins les plus rapprochés.
L'homme n'aurait jamais atteint sa position dominante dans le
monde sans l'usage de ses mains... Mais mains et bras n'auraient
jamais pu devenir des organes assez parfaits pour fabriquer des
armes, pour projeter des pierres et des lances avec justesse, tant
qu'ils devaient servir habituellement à la locomotion du corps et à
en supporter le poids, ou autant qu'ils étaient tout particulièrement
adaptés, comme nous l'avons vu, pour permettre de vivre sur les

---

[1] Quelques personnes (j'en ai rencontré plusieurs) ont la faculté de mouvoir
l'oreille et de la diriger en avant ou en arrière. M. Darwin n'hésite pas à voir là un
caractère simien des plus prononcés.

arbres ; un service aussi rude aurait, d'ailleurs, émoussé le sens du tact, dont dépendent essentiellement les usages délicats auxquels les doigts sont exposés.

« Ces causes seules auraient suffi pour que la position bipède fût plus avantageuse à l'homme ; mais il est encore beaucoup d'actions qui exigent la liberté des deux bras et de la partie supérieure du corps, lequel doit pouvoir, dans ce but, reposer fermement sur les pieds... Si donc il est avantageux pour l'homme d'avoir les mains et les bras libres et de pouvoir se tenir fermement sur ses pieds..., je ne vois aucune raison pourquoi il n'aurait pas été également avantageux à ses ancêtres de se redresser toujours davantage et de devenir bipède[1]. »

L'explication pourra paraître insuffisante, mais il faudra s'en contenter ; M. Darwin n'en donne pas d'autre. Le singe s'est transformé en homme, parce qu'il y trouvait son avantage. Je le crois bien !

Si nous avions le temps et la curiosité de suivre le récit de notre métamorphose, nous apprendrions comment la nature simienne s'est humanisée par la diminution des canines, devenues inutiles quand les progrès de son intelligence permirent à l'être nouveau de fabriquer des armes ; par l'augmentation de son crâne, quand l'exercice de la pensée l'eut dilaté ; par la perte de sa queue, lorsqu'il n'eut plus à vivre dans les arbres et à s'accrocher aux branches ; par la diminution de son manteau de poils, lorsqu'il sut se fabriquer un vêtement artificiel. Cette manière de raisonnement est le renversement de toutes les idées. Le singe est devenu un homme, nous dit M. Darwin, parce qu'il y avait en lui une force qui le poussait à se transformer. Mais c'est précisément ce qu'il faudrait démontrer ! Votre logique consiste à confondre toujours si bien l'effet avec la cause, qu'on ne les distingue plus, et qu'on les prend réciproquement l'un pour l'autre. Cela rappelle la théorie de l'opium, de Molière. Démontrez-nous donc d'abord qu'un singe, ami du progrès, renonça un beau jour à se pendre par la queue, estimant cet acte peu conforme à la dignité de sa raison, et nous verrons ensuite s'il y a lieu d'admettre qu'un singe ait jamais perdu son appendice caudal par défaut d'usage.

On ne comprend guère pourquoi M. Darwin s'est gratuitement imposé la difficulté de cet invraisemblable développement du singe en homme, quand la théorie de l'ancêtre commun lui offrait une voie à la fois plus logique et plus facile.

Nous avons vu MM. de Quatrefages et Pruner-bey, comme aussi

[1] Ch. Darwin, *la Descend. de l'homme*, t. I, p. 151.

tous ceux qui ont quelque souci de maintenir intacte la tradition relative à l'origine noble de l'humanité, s'appuyer sur les caractères intellectuels et moraux de l'homme, pour réclamer en sa faveur une place tout à fait à part dans la classification des êtres. M. Darwin fait bon marché de cet argument, tout en avouant, cependant, qu'il se présente, au premier abord, comme une difficulté sérieuse. Mais le principe d'évolution ne donne-t-il pas la solution de toute chose? Si l'homme et les animaux descendent d'une souche commune, leurs facultés mentales ne doivent pas différer de qualité, mais seulement de degré. Chez les animaux, la gradation existe incontestablement, et personne ne niera que la distance soit grande entre un poisson d'ordre inférieur, une lamproie, par exemple, et un singe. Du singe à l'homme, la série se complète. Appliquant alors son procédé ordinaire, supposant le problème résolu, et la filiation intellectuelle de l'homme et de la bête démontrée, il explique comment les choses se sont passées, en recherchant dans les facultés mentales des animaux tout ce qui peut être comparé à celles de l'homme. L'homme, d'après M. Darwin, ou plutôt l'homme-singe, a achevé son développement mental sous l'influence du langage; c'est par lui qu'il a acquis la notion du sens intime, la conscience. Le langage, n'est, d'ailleurs, qu'un perfectionnement des cris ou des chants des animaux. On doit bien penser que M. Darwin découvre sans difficulté, chez les êtres inférieurs, l'aube de ces sentiments nobles et élevés, que nous croyons être l'apanage exclusif de l'humanité, le sentiment du beau, par exemple. « On ne peut douter, dit-il, qu'il existe chez les animaux, quand nous voyons les oiseaux mâles déployer laborieusement devant leurs femelles, pour les charmer, leurs plumes aux splendides couleurs. »

Quels sont donc les anthropologistes qui ont prétendu que le sentiment religieux et la moralité étaient tellement particuliers à l'homme, qu'ils supposent en lui une nature radicalement distincte de la nature animale? Telle n'est point, comme on pouvait le prévoir, l'opinion de M. Darwin; pour lui, le point de départ du sentiment religieux, chez l'homme, est dans la croyance aux agents invisibles ou spirituels. L'homme a trouvé cette notion dans le rêve, paraît-il, dont les figures apparaissent au sauvage comme venant de loin ou se tenant au-dessus de lui; ou bien dans l'hypothèse que les phénomènes naturels sont dus à la présence dans les animaux, les plantes ou les choses, d'esprits déterminant une activité semblable à celle dont l'homme se croit le possesseur. L'idée de Dieu ne serait que le développement de cette notion primitive.

Tout cela n'est point nouveau et se trouve réfuté depuis longtemps; mais ce qui pourra nous surprendre, c'est d'entendre M. Darwin insinuer que la croyance aux agents spirituels existe en germe dans l'intelligence des animaux. Il cite à l'appui de cette opinion une aventure arrivée à son chien, qui, voyant un jour un parasol ouvert, posé à terre, s'agiter par l'effet du vent, se mit à aboyer, ce qui n'aurait point eu lieu, assure-t-il, si le même parasol s'était trouvé dans les mains de quelqu'un. « Il doit, ce que je crois, ajoute le savant auteur, avec une imperturbable gravité, avoir estimé d'une manière inconsciente et rapide, que le mouvement du parasol, sans cause apparente, indiquait la présence de quelque agent vivant étranger. » Ce n'est pas tout, M. Darwin, pour compléter son raisonnement, assimile le sentiment du chien à l'égard de son maître à quelque chose d'analogue à la dévotion religieuse. Le professeur Braubach, dit-il pour conclure, va jusqu'à admettre que le chien regarde son maître comme un dieu. N'a-t-on pas raison de dire que le chien est souvent meilleur que l'homme ?

La filiation des qualités morales lui paraît moins simple à expliquer. Il s'en tire cependant en leur donnant pour base les instincts sociaux qui nous sont communs avec beaucoup d'animaux et furent acquis comme les qualités physiques, par sélection naturelle. « Les instincts sociaux, dit Darwin, développés par les puissances intellectuelles actives et les effets de l'habitude, conduisent naturellement à la règle : « Fais aux hommes ce que tu voudrais qu'ils te fissent à « toi-même ; » principe sur lequel toute la morale repose. » Toutes les vertus dérivent de l'instinct du bonheur commun développé par l'habitude, par l'expérience et fortifié par l'hérédité. Les retours que nous avons vus se produire chez l'être physique comme les traces persistantes d'un état inférieur se manifestent également chez l'être moral : c'est l'origine des mauvaises actions.

« Chaque crime, dit M. Edgar Quinet, un transformiste lui aussi, est un anachronisme sanglant. Supposez qu'à un certain jour les espèces actuelles se dénaturent, qu'elles tentent de rentrer dans les moules brisés, qu'au lieu de monter dans l'échelle de vie, elles essayent de descendre ; que l'oiseau se mette à ramper ; que le mammifère, las d'allaiter, prenne les mœurs de l'ovipare ; que le quadrupède, dégoûté de la marche, renonce à ses pieds et aspire à se clouer immobile au rocher, ce serait la confusion dans la vie universelle. Chaque être entrerait en révolte contre lui-même. Voilà le mal dans la nature ; mais l'homme seul est capable de ce genre de désobéissance... L'homme criminel offense tous les êtres : il découronne l'univers, il décapite l'œuvre des siècles, la terre en gémit.

« Quelle avidité de proie, quelle cruauté ! quelles embuscades tendues de tous côtés ! quels plis et quels replis pour étouffer la proie !

« De qui parlez-vous? est-ce de l'homme ou de l'animal? De
l'homme.

« Tout cela eût été bien dans le temps où régnaient les reptiles.
Cette âme de colère eût été à sa place. On eût dit : Cette gueule en-
dentée et sanglante, voilà le chef-d'œuvre de la nature ; mais aujourd'hui, dans le cœur de l'homme, cela s'appelle crime, péché,
chute. Et quelle chute que de tomber en un clin d'œil de la culture actuelle dans la région morale des reptiles grouillants de l'époque secondaire[1] ! »

Cette théorie du mal n'est point nouvelle : « Tu portes en toi le
sanglier d'Erymanthe, l'ours de caverne, le lion de Némée, a dit
Épictète. Dompte-les. »

On n'exigera pas de nous que nous entreprenions de réfuter ici
toutes ces idées. Nous les donnons simplement comme un exemple
des conséquences du principe transformiste appliqué à l'homme.
Il est bon que l'on sache où cela mène : c'est l'ordre moral renversé,
retourné tout d'une pièce, ce qui laisse subsister une apparence
d'édifice ; mais il suffit, pour que tout cela s'écroule, de montrer,
comme nous l'avons fait, le peu de solidité de la base. Le procédé du
transformisme est exactement le même qu'un procédé familier aux
mathématiciens qui consiste à considérer comme résolu le problème
dont on cherche la solution. Seulement, en mathématique, la solution trouvée peut et doit se vérifier, tandis que la preuve du transformisme reste à faire. Je sais bien que ses partisans en appellent à une
confirmation ultérieure; mais en attendant, il faut, pour adhérer à
la doctrine de M. Darwin, avoir un irrésistible besoin de croire à
autre chose qu'à ce qu'on a cru jusqu'à présent. C'est une question
de foi.

Malgré cela, peut-être à cause de cela, le transformisme, rien ne
sert de le dissimuler, fait tous les jours des prosélytes ; non-seulement parmi les rêveurs, mais surtout parmi les hommes de science.
Il tend à devenir la religion de ceux qui n'en ont pas. Il s'est orga-
nisé de toutes pièces et vit. Il a ses oracles, ses prêtresses, ses
savants, ses philosophes, ses poëtes. Ses poëtes, direz-vous? Plus
que cela, son poëme.

Ce poëme, M. Edgar Quinet, déjà cité, s'est chargé de l'écrire.
Son livre s'appelle *la Création ;* un titre mal choisi. Qu'est-ce qu'une
création sans créateur? Il eût été mieux nommé le *Génie du transformisme,* d'autant qu'il est appelé dans l'esprit de l'auteur à rempla-
cer le *Génie du christianisme,* une œuvre, dit-il, qu'on lira toujours
pour ses beautés littéraires, mais aussi vieille, au point de vue scien-

---

[1] *La Création.* t. II, p. 599.

tifique, que les livres de Cicéron ou de Lucrèce. M. Quinet a beaucoup de talent ; il s'est assimilé la doctrine de l'évolution d'une
façon merveilleuse. Il a même dépassé ses maîtres et ouvert des ho-
rizons que ni Häckel, ni Darwin n'avaient entrevus. Il féconde l'ari-
dité de la science avec un grand et beau style : les termes les plus
bizarres du vocabulaire géologique sonnent presque agréablement
dans ses phrases bien cadencées. Il donne l'hallucination et la vi-
sion du vieux monde! Voilà comment je comprends le transformisme : un caprice de poëte, soit! Mais une doctrine scientifique,
jamais! Avouons cependant que c'est trop d'art et de talent rassem-
blés sur une pointe d'aiguille. Et puis je soupçonne que ceux qui ont
lu le livre de M. Quinet ne l'ont pas compris. Je parle des gens du
monde à qui il s'adresse plutôt qu'aux savants. Ce livre suppose une
certaine initiation.

Une chose nous étonne, c'est que M. Quinet, artiste et dilettante
comme il est, accepte sans sourciller l'origine simienne. Il est vrai
qu'il y apporte toutes sortes de ménagements, et s'évertue à prouver
que nous n'avons rien de commun avec les singes vivants. Prenant
un moyen terme entre les deux théories dont nous avons parlé, il
nous fait descendre, singes et hommes, d'un ancêtre commun, non
pas singe, mais simien et quadrumane, ce qui sauve tout à la fois le
transformisme et la dignité humaine sous l'équivoque d'un terme
vague.

Si nous nous arrêtons aussi longuement au livre de M. Quinet, ce
n'est pas que nous ayons l'intention d'en faire l'examen ; mais nous
reconnaissons assez d'autorité à l'auteur, en matière de transformisme, pour opposer ses arguments à M. Darwin.

M. Darwin se prononce brutalement en faveur de l'origine simienne. Nous venons de voir que M. Quinet est partisan de l'ancêtre
commun, et il appuie son opinion sur des considérations dont un
transformiste doit tenir compte. Le singe et l'homme, dit-il, représentent deux âges du globe différents : le singe est éocène, l'homme
pliocène. « En vain nous admirons la ressemblance de leur cerveau.
Il est un point qui nous échappe : dans les plis de cet étroit cerveau
du quadrumane sont gravées les lignes du monde nummulitique ; le
sceau marqué de cette époque ne s'altère pas. Aujourd'hui le singe
vit et sent comme il vivait et sentait à cet âge du monde. Il est de-
meuré fixe à cette date... C'est l'individu seul qui, chez lui, est de
notre temps. L'espèce n'en est pas... Voilà pourquoi, en dépit des
apparences, un abîme sépare sa famille de la nôtre[1]. » Puis il fait
remarquer que, pour vingt espèces fossiles de singes, on n'a, jusqu'à

---

[1] *La Création*, p. 279.

présent, découvert qu'une seule espèce humaine, ce qui creuse encore l'abîme. « Dès que l'homme apparaît; il est homme tout entier. » Nous trouvons là, sous une autre forme, l'argument tiré de la loi de caractérisation contre l'origine simienne.

M. Darwin, sans tenir compte de cette objection et sans développer ses raisons, nous rattache purement et simplement au groupe des catarrhins, qui sont les singes de l'ancien monde. Le professeur Häckel, qui a soutenu la même opinion, antérieurement à Darwin, nous apprend que c'est dans l'Asie méridionale, ou sur un continent enfoui sous les flots de la mer des Indes, que la transformation du singe en homme dut se produire, vers la fin de l'époque tertiaire. Les singes d'Amérique n'auraient pas, paraît-il, été appelés à l'honneur d'engendrer une postérité humaine, en sorte que le transformisme viendrait à l'appui des idées monogénistes, si elles avaient besoin de cet allié.

L'homme, une fois rattaché, par l'intermédiaire du singe, à la faune paléontologique, notre arbre généalogique s'enrichit d'une multitude d'ancêtres de moins en moins avouables à mesure qu'on remonte le cours des âges. Mais laissons la parole à M. Darwin :

« En considérant la conformation embryologique de l'homme, — ses homologies avec les animaux inférieurs, — les rudiments qu'il conserve — et les retours dont il est susceptible, nous pouvons en partie nous rappeler et reconstruire, dans notre imagination, les conditions de nos premiers ancêtres et assigner approximativement leur place dans la série zoologique. Nous apprenons ainsi que l'homme descend d'un mammifère velu, pourvu d'une queue et d'oreilles pointues, vivant probablement sur les arbres et habitant l'ancien monde. Cet être, examiné dans son entière organisation par un naturaliste, aurait été classé parmi les quadrumanes aussi sûrement que l'ancêtre commun et encore plus ancien des singes de l'ancien et du nouveau monde. Ceux-ci et tous les mammifères supérieurs dérivent probablement d'un marsupial ancien, lui-même provenant, au travers d'une longue ligne de formes diverses, de quelque être semblable à un reptile ou à un amphibien et celui-ci dérivant d'un être semblable à un poisson. Dans l'obscurité du passé, nous entrevoyons que l'ancêtre des vertébrés a dû être un animal aquatique muni de branchies, ayant les deux sexes réunis sur le même individu et les organes les plus essentiels du corps (tels que le cerveau et le cœur) imparfaitement développés. Cet animal pouvait avoir ressemblé plus qu'à toute autre forme connue, aux larves de nos ascidies marines actuelles[1]. »

---

[1] Ch. Darwin, loc. cit., t. II. p. 409.

O homme, glorifie-toi! voilà ton prototype, voilà ta larve! Je m'abstiendrai de toute critique : ce tableau final est trop réjouissant pour que je l'assombrisse. Mais je prends acte, au nom de mes lecteurs, du regret que M. Darwin exprime en terminant son livre, d'y avoir développé des idées qui devront être, pense-t-il, fort désagréables pour un grand nombre de personnes. On n'est pas plus gentleman!

VIII

Ce n'est pas seulement dans les questions physiologiques que l'on se trouve en face des théories transformistes. Elles font sentir leur influence dans toutes les directions qui rayonnent autour du problème des origines. Nous avons vu tout à l'heure M. Darwin exposer son système du développement des facultés intellectuelles, morales et religieuses chez l'homme et chez les animaux. La philologie a essayé l'application du principe transformiste, sans grand succès, les espèces linguistiques s'étant montrées, jusqu'à présent, rebelles à toute tentative de rapprochement généalogique. Mais en ethnographie l'idée transformiste a conduit à des conclusions assez importantes au point de vue spécial qui nous occupe. Nous allons donc les examiner.

A considérer les faits dans leur ordre de succession géologique et chronologique, le progrès industriel est constant, manifeste, depuis l'époque du mammouth jusqu'à l'ère des métaux. Mais nous avons vu dans quelles conditions ce progrès s'est produit. Il ne résulte pas de l'évolution régulière continue d'une seule et même race. Entre l'époque de la pierre taillée par éclats, qui comprend les deux premiers âges, dits du mammouth et du renne, et l'époque de la pierre polie, il y a une lacune, avons-nous dit, un abîme infranchissable. Non-seulement les hommes du temps de la pierre polie, selon toute vraisemblance, ne sont pas les descendants des sauvages qui chassaient le mammouth, le tigre, l'aurochs et le renne dans les solitudes de l'Europe quaternaire, mais il ne paraît même pas qu'il y ait eu aucun lien entre les phases industrielles qui caractérisent ces deux époques. On n'a signalé aucun passage **de l'une** à l'autre. Elles ne procèdent donc pas l'une de l'autre.

A l'âge de la pierre polie il y eut introduction, en Europe, de races et d'industries nouvelles ayant leur point de départ dans des régions encore indéterminées.

De même, l'industrie du bronze et celle du fer apparaissent tout à coup dans nos pays à un degré de développement très-remarquable sans qu'on ait rencontré encore les traces des tâtonnements et des essais qui durent certainement se produire à l'origine de la métallurgie. Il ne paraît donc pas que la découverte du bronze et du fer soit indigène.

Ces faits nous conduisent naturellement à penser que l'Europe n'est pas le creuset dans lequel s'est brassée l'humanité primitive. C'est plus à l'est, dans les régions chaudes de l'Asie, où toutes les traditions, sans parler du transformisme, placent le berceau de notre race, qu'il faut aller chercher les plus vieilles archives du genre humain. C'est là qu'il a traversé ses premières phases de développement et probablement dans des conditions toutes différentes de celles que nous connaissons. A cela quoi d'étonnant? Pourquoi ne se serait-il pas comporté sur le sol natal, sous l'ardent soleil, tout autrement que dans les contrées éloignées et perdues sous les neiges quaternaires, qui furent, depuis, l'Europe? Notre civilisation moderne elle-même, que devient-elle en rayonnant vers les régions froides du pôle? N'y change-t-elle pas d'allure, et l'homme de la Laponie ou du Groënland vivra-t-il jamais comme on vit à Paris ou à Rome, malgré la tendance à l'uniformité de la civilisation moderne? En résumé, le peu que nous savons des industries primitives se rapportant à l'Europe ne nous permet pas de conclure de ce cas particulier à un état général. De plus, les races et les industries que nous retrouvons en Occident sont comme des séries divergentes dont nous ignorons le point de départ : c'est-à-dire que nous nous trouvons en face de l'inconnu, et qu'il est impossible, dans l'état actuel de notre science, de prétendre résoudre ce problème autrement que par des hypothèses.

Voilà les faits. Voyons ce qu'en pensent les transformistes.

Le principe d'évolution appliqué à l'ethnographie suppose la sauvagerie complète absolue des premiers hommes. C'est à peine s'ils s'élevaient au-dessus de la bête, dont ils venaient de se séparer, et peu s'en fallait qu'ils ne vécussent à la manière de certains singes qui se font, comme l'ourang, une arme d'un bâton ou d'une pierre, ou qui se construisent un abri, comme le chimpanzé. On a invoqué, à l'appui de cette idée, la pauvreté rudimentaire de l'industrie de l'âge du mammouth, en Europe : nous venons de voir qu'on ne peut pas conclure sur ces données. De cette première race seraient issus des rameaux qui, soumis aux influences résultant de l'action des milieux, de la sélection naturelle ou sexuelle, auraient suivi des destinées très-variées : les unes, placées dans des conditions favorables, auraient rapidement progressé; tandis que d'autres seraient restées stationnaires. Les sauvages modernes ne seraient autres que ces rameaux frappés d'un arrêt de développement, et, à ce titre, ils offriraient le type immobilisé d'un certain état de barbarie contemporain de l'époque où ils se séparèrent du tronc commun. Il en résulte que l'étude et la connaissance des sauvages actuels doit jeter, toujours d'après les partisans du transformisme, de vives lumières sur la condition primitive de l'homme.

Sir John Lubbock, dans son livre *Prehistoric Times*, rempli, comme tout ce qu'il écrit, de détails et d'observations aussi curieux qu'habilement présentés, a développé cette thèse avec beaucoup d'art. Posant en principe qu'une invention utile une fois faite ne se perd plus, que, par conséquent, les populations les moins avancées en civilisation ont dû se séparer les premières du tronc commun, le savant ethnographe anglais recherche, parmi les sauvages modernes, quels sont les plus déshérités, et les produit comme les types de l'humanité à son berceau. Voici un exemple de son raisonnement : si l'homme primitif avait su fabriquer la poterie, dit-il, il n'y aurait pas une peuplade, de nos jours, qui en ignorât l'usage. Or certaines races, comme les Esquimaux, les Polynésiens, les Australiens, ne la connaissent pas; donc la poterie est d'invention relativement moderne et l'homme primitif n'en fabriquait pas. Cette argumentation peut s'appliquer à une infinité de cas particuliers. L'usage du feu, de la massue et de la lance, sont les seules inventions qu'elle laisse subsister, comme étant d'usage général, à l'actif des hommes primitifs. Toutes les autres, passées en revue, disparaissent par voie d'élimination.

L'arc et les flèches, par exemple, devaient être, d'après ce raisonnement, ignorées de l'homme primitif; car les Australiens et les Néo-Zélandais ne s'en servent pas. Certains peuples n'ayant pas de vêtements, il était nu. La fronde, le javelot, le bouclier même, n'étaient vraisemblablement pas encore découverts. Il n'est pas probable qu'il sût compter jusqu'à dix, parce que des races actuellement existantes ne comptent pas au delà de quatre. En choisissant ainsi les traits les plus inférieurs parmi les mœurs des sauvages modernes, on arrive à faire de l'homme primitif, en les lui appliquant, un être très-voisin du singe. A peine parlait-il : sans moralité, sans religion, sans industrie, il vivait inconscient sous la dure contrainte des influences extérieures et d'une nature indomptée, absorbé par la préoccupation égoïste d'assurer son existence de chaque jour.

Malgré l'estime que nous avons pour la science profonde et variée que sir John Lubbock a répandue dans ses écrits si instructifs, il nous est impossible d'admettre un pareil raisonnement, dont les prémisses sont loin d'être bien établies. Rien ne prouve, en effet,

que les peuples sauvages soient restés stationnaires et tels qu'ils
étaient lors de leur séparation avec l'humanité primitive. On ne
peut pas démontrer non plus qu'ils n'ont laissé perdre aucune des
connaissances ou des inventions qu'ils reçurent en patrimoine.
Bien au contraire, la réciproque est infiniment probable, et sans
parler des races maudites qui portent à travers les siècles le far-
deau du châtiment et de la solidarité humaine, c'est une loi à peu
près générale dans la nature, que tout ce qui ne progresse pas
déchoit. Si donc des fractions de la famille humaine se sont trouvées, pour une cause ou pour une autre, isolées dans des milieux
défavorables à leur développement, elles ont dû dégénérer rapidement. L'homme a besoin d'une certaine culture que lui fournissent
les milieux moraux, religieux, intellectuels dans lesquels il vit. Si
cette culture vient à lui manquer, il rétrograde comme certaines
plantes de nos jardins qui, abandonnées à elles-mêmes, retournent,
au bout d'un petit nombre de générations, à l'état sauvage.'

Deux races, l'une civilisée, l'autre sauvage, issues d'une souche
commune, se présentent à l'observateur comme ayant subi un ordre
inverse de développement et, en vertu de la loi de caractérisation, la
plus civilisée ne peut pas plus descendre de l'autre que l'homme
ne peut descendre du singe. On ne doit donc pas conclure de l'une
à l'autre. L'identité d'industrie, à leur point de départ, serait une
base d'appréciation trompeuse, puisqu'elle nous exposerait à mettre
au même rang deux familles dont l'une serait appelée à parcourir
le cycle complet de l'évolution humaine tandis que l'autre serait
condamnée à végéter à un rang inférieur. Où il y a divergence, il
n'y a pas de comparaison possible. L'emploi du silex, dans certaines contrées, avant la connaissance des métaux, a pu corres-
pondre à un état social qui n'était point la barbarie. On conçoit
très-bien qu'une race, avantageusement douée, puisse vivre longtemps avec une industrie rudimentaire et exceller sous d'autres
rapports. L'état pastoral et nomade qu'on retrouve à l'origine de
toutes les sociétés n'était point favorable au développement de la
civilisation, mais il n'excluait pas, comme chez les Aryens primitifs,
certaines qualités morales d'un ordre élevé qui laissaient deviner
déjà de brillantes destinées.

Ces considérations serviront de réponse à ceux de nos adversaires
qui prétendent tirer de la Bible des arguments contre nous. Si
l'homme, disent-ils, a été créé comme vous le prétendez, dans un
état de perfection physique et morale d'où le péché l'a précipité,
nous devrions trouver quelque part les traces d'une civilisation bril-
lante à l'origine des temps. « Au lieu d'ustensiles de pierre ou de
poteries grossières, dit Lyell, nous rencontrerions des sculptures

qui surpasseraient en beauté les chefs-d'œuvre de Phidias et de Praxitèle; des débris de voies ferrées ou des télégraphes électriques…. » L'objection n'a pas de valeur. D'après la tradition, la chute a suivi de si près la création de l'homme, qu'il n'aurait pas eu, dans tous les cas, le temps de réaliser le développement industriel que suppose l'argumentation de Lyell. La malédiction divine, en le frappant, le condamne à reconquérir par le travail et par une lutte incessante, sa place première. Aux prises avec toutes les rigueurs de la vie, en lutte avec une nature ennemie, il lui fallut assurément bien des siècles pour confirmer par ses œuvres et faire respecter le principe de la souveraineté que Dieu lui avait attribuée; et si jamais on retrouve véritablement les traces de nos premiers ancêtres, elles affirmeront certainement la chute originelle, qui est le point fondamental du dogme chrétien, par un état de misère et d'abaissement profond. Mais qui dit abaissement et misère ne dit point dégradation et sauvagerie.

L'homme n'avait pas tout perdu dans son naufrage : il lui restait le souffle divin, principe de sa grandeur et de sa réhabilitation. Si même il était démontré quelque jour que les premiers hommes ont vécu de la même vie misérable que les Européens de l'âge de pierre, ce fait, loin de contredire la révélation de Moïse, nous permettrait d'apprécier la grandeur du châtiment par la longueur du chemin parcouru pour arriver jusqu'à nous. Ce serait aussi à la gloire de l'homme qui, fidèle à ses destinées et parti de si bas, serait remonté si haut déjà.

Nous voici arrivé au terme de cette étude, et nous pouvons hardiment conclure que pas un fait n'autorise à retourner les termes du prétendu problème de l'origine de l'homme. Nous avons acquis l'assurance que toutes les idées récemment écloses à ce sujet n'ont d'autre base que l'hypothèse transformiste, laquelle, de l'aveu même de ses partisans, attend encore sa démonstration.

Laissons donc les hommes à systèmes discuter entre eux et revenons à l'étude des faits. L'objectif des travaux préhistoriques réduit ainsi à sa juste valeur, nous devons reconnaître l'importance des résultats acquis et applaudir à la vive lumière qu'ils projettent déjà sur nos origines européennes. En dix ans, tout un monde nouveau vient d'être découvert et d'immenses collections, formées sur tous les points avec une activité et un zèle merveilleux, permettent à tous de contrôler la réalité des affirmations de la science. Rappelons enfin qu'une importante question de chronologie, posée mais non résolue, est étroitement liée au progrès des recherches préhistoriques.

Nous avons seulement effleuré ce vaste sujet; mais nous espérons y revenir; et nous avons pensé qu'il était bon, avant d'aborder les études de détail, d'aller rapidement aux faits qui circonscrivent la question comme autant de jalons, de façon à pouvoir en mesurer l'étendue d'un regard. Nous avions hâte aussi d'élaguer les branches mortes, pour ne laisser subsister que le tronc vivant et fécond. C'est à ce compte seulement que nous pouvions espérer dissiper les préventions qui ont accueilli les premiers travaux préhistoriques. Nous avons recherché la cause de ces préventions, et nous ne craignons pas de dire qu'elles ne tenaient qu'à une connaissance insuffisante de la question. En voyant le drapeau du matérialisme hissé sur le terrain nouvellement conquis par la science, les esprits religieux se sont éloignés. Mais nous croyons avoir suffisamment dégagé la question qui nous occupe de la solidarité compromettante qu'on cherchait à lui imposer.

Le champ de la science est à tout le monde. Si l'erreur y croît souvent, on peut dire que toutes les vérités y sont en germe. A ce compte, il vaut bien la peine d'y faire acte de possession et d'affirmer notre droit, en plantant résolûment notre drapeau à côté de celui de nos adversaires.